しかし私には、そのような記憶力があまりない。むしろ機械や数学が好きだったからだ。このように現実の〝肉体人間〟には、無限力とか無限の可能性があるとは言えない。肉体の力は誰でも無限ではないのである。

例えばどんな運動の選手でも、馬より速く走ったり、カラスのように飛んだり、クジラのように永く速く海中をもぐったりすることはできない。タマちゃんというヒゲアザラシのように、橋の根元に寝ころがっているだけで、三百人ぐらいの見物人にキャーキャー騒いでもらう能力もなさそうだ。

しかし「本当の人間」は〝肉体人間〟ではないのである。肉体は、本当の人間（魂）の使う道具である。本文にも書いたが、ちょうど小学生や中学生が入学した時に着る〝制服〟のようなもので、これを着て人生に入学する。だからこの人世は「人生学校」ともいうのである。

しかしこの〝制服〟というものは、いつまでも着ているのではなく、やがて脱いで、上級学校の〝制服〟に着替えるだろう。そのように〝肉体制服〟も、やがて百年ぐらいもたつと脱いで、〝あの世の服〟に着がえるのである。これが肉体人間の死である。肉体は死んで動かなくなっても、「魂」はいつまでも生きている。無限に生きているから「無限力がある」のだ。つまりこれを「神の子・人間」と言う。そのことを認めるか認めないかは自由だが、認めると、つまり信ずると、その「無限力」が現れてくる。しかし全部はなかなか出し切れないから、次つぎに生れ替って、もっと高い霊界の生活を送る。

高いと言っても、目に見える高さではない。「魂の高さ」であり、「霊の位《くらい》」と言ってもよい。どれだけ本物の「無限力」を自覚したかという「深さ」である。それを高め深めるのが「人生学校」を送る悦びであり、無限力を出すことの楽しみである。

だからこの人生は、どこまでもその楽しみ、悦びのためにあるのであって、悩み、苦しみ、うらみ、憎むためにあるのではない。そのことを正しい宗教は教えてくれる。お釈迦さまは「執着を捨てよ」と教えられたし、イエス・キリストさまは

『「なんじの隣を愛し、なんじの仇を憎むべし」と云えることあるを汝等きけり。されど我は汝らに告ぐ、汝らの仇を愛し、汝らを責むる者のために祈れ。これ天にいます汝らの父の子とならん為なり。天の父はその日を悪しき者のうえにも、善き者のうえにも昇らせ、雨を正しき者にも、正しからぬ者にも降らせ給うなり。』（マタイ伝五ノ四三―四五）

と教えられた。イエスは天の父を「汝らの父」と言われたのだ。谷口雅春大聖師は、『汝ら天地一切のものと和解せよ。天地一切のものとの和解が成立するとき、天地一切のものは汝の味方である。』（「大調和の神示」）

と教えられたのであった。

平成十四年十月二十三日

谷口清超しるす

# 無限の可能性がある　目次

はしがき

Ⅰ　子育て——無限の可能性を引き出して

1　自然が戸を叩く　11
2　自分をどうみるか　25
3　心の縛りを解く　38
4　「平等」と「差別」について　51

Ⅱ　いのちの尊さ——神の子のいのちを生きる

1　成人式について　67
2　今すべて有難う　80
3　素晴らしい仕事のために　93
4　光のみを信じよう　106

Ⅲ　家族——信仰と絆

1　花が咲くまで　121
2　幸運への道　134
3　介護と信仰　147
4　チャンスがやってくる　159

Ⅳ　夫婦——夫婦調和の道

1　夫婦調和の道　175
2　人生の主人公　188
3　神さまを称える　200
4　ユーモアと感謝　213

# I

## 子育て――無限の可能性を引き出して

# 1 自然が戸を叩く

## 子育てについて

近ごろは少子化現象が進み、一人の母親の子供を生む数が年々減ってきた。すると当然育児や子育てのための母親の努力が、一人か二人の子供に集まるから、職場に行って仕事をする女性も増えたのである。職場では仕事の面白みも味わえるし、本人の能力や技術も開発されるから、このような少子化はまだどんどん進むのであろう。

もしもこうした現象が、人間以外の動物に現れるならば、その動物の数は次第に減少して、絶滅しそうになる。そこで人間が保護して、絶滅をくいとめようとする。しかし人間の場合は人間自身がくいとめない以上、この少子化現象はどこまでも進んで行き、少子化民族はその使命を終えて消滅することになるだろう。消滅とまで行かないにしても、他の民族と交替して、少数民族となって生き残るのである。

そればかりではなく、少子化した民族の中では、親と子や、成年者と未成年者との間のトラブルが起ってくる。というのは、母親や父親が子供を育てる上で、子育てに失敗するからである。ところが自然界では、少子化せず、ごく自然に子育てを行って行くのが普通であり、出産や育児、そして子育てに悩むことが少ないものだ。

ここで「育児」と「子育て」とを別の概念として書いたが、これは『サルに学ぼう、自然な子育て』（草思社刊）の著者岡安直比《なおび》さんの説によるのであって、彼女はサルやゴリラやチンパンジーなどの生育に習熟した専門家だ。コンゴ共和国でゴリラの孤児三十頭を森に帰す運動に参加した人でもある。同氏によると、〝育児〟とは人間でいうと新生児が乳離れするまでのお世話であり、その後十五歳前後までの親離れ、子離れの期間が〝子育て〟なのだそうだ。そこで曰《いわ》く、

『サルの世界では、反抗期に子離れできない親というのはゼロである。というより母子の密着した関係は赤ん坊の頃に限られていて、離乳を境に親の側から子供にきっぱりと引導を渡す。

ただゴリラなどの類人猿の場合、離乳の時期は三〜四歳。人間の一〜二歳よりずっと

ゆっくりだ』（六五頁）

と記されている。

## 子離れの失敗

しかしサル属の年齢は人間にくらべて一・五倍くらいも進むから、人間の育児期間は三、四歳ぐらいまであってもよいらしい。その後は〝親離れ・子離れ〟が進まなくてはならないのに、子供の数の少ない母親は、次の子を生むよりも、すでに生んだ子の子育ての方に努力と時間を割《さ》き、そこにのめり込み、やがてはげしく子供たちから嫌われ、反抗される結果になりやすいのである。

例えば平成十二年九月二十七日に総本山*で行われた団体参拝練成会*で、京都府に住んでおられるTさん（匿名希望・昭和二十三年四月生まれ）は、次のような体験を話して下さったことがある。彼女の長男（D君）は、十九歳の時五十CCのバイクに乗って七十二歳の女性の生命を奪う人身事故を起した。母親のTさんはそれまで十二年間「生長の家」のお話を聞いたが、「人間・神の子」というところが中々理解できず、その点をそのままにして漠然とお話を聞いていた。

ところがTさんの母親は、「目には目を、歯には歯を」という主義でTさんを育て、「泣かされたら泣かして帰って来い」というような教育をして下さったという。これではこの世に争いが絶えないであろう。子供のうちはともかく喧嘩《けんか》に勝つことが出来たとしても、体力的にまさった者に殴られたりしたらとてもかなわないから、次に〝勝つため〟には刃物か、クサリか、銃を使う外《ほか》仕方がなくなるからだ。

そこでいつかも中学生が喧嘩して、負けた相手の小学六年生に、翌日待ち伏せされ、刺されて大怪我《けが》をしたというような事件が起ったが、その時も中学生は木刀をもって用心していたということだ。しかしイエス・キリストは次のように教えられたのである。

『「目には目を、歯には歯を」と云《い》えることあるを汝《なんじ》ら聞けり。されど我は汝らに告ぐ、悪《あ》しき者に抵抗《てむか》うな。人もし汝の右の頬をうたば、左をも向けよ。なんじを訟《うった》えて下衣《したぎ》を取らんとする者には、上衣《うわぎ》をも取らせよ。人もし汝に一里《り》ゆくことを強《し》いなば、共に二里ゆけ。なんじに請《こ》う者にあたえ、借らんとする者を拒《こば》むな。』(マタイ伝五ノ三八―四二)

私は学生時代に、友人とこのキリストの言葉通りを実行してみるか、それともやめとこうかと論じ合ったことがあったが、結局その精神だけは頂いておこうという結論だったように思う。しかし「目には目を……」だけでは不充分なことは確かだ。そうでないと、この世の中は必ず衝突し合い、混乱し、悩み苦しみを増大するばかりで、根本的な解決にはならないからである。

ことに親と子とは、先ず親から与えられ、育てられ、助けられてきたものである。だから母と子が争い合う必要はないのだが、子育てに親があまり長い間介入しすぎて、〝子離れ〟が出来ていないと、やがて子供との争いや反抗に悩まされるという結果になる。その〝子離れ、親離れ〟が遅れる大きな原因として、子供の数が減少し、育児が子育てへとズルズルと引きずられて行くベッタリした例が増大したからである。

## 神の子である

さてTさんの例では、彼女が子育てについて母親に「子供の勉強が出けへんねん」と訴えても、

「ナスビにメロンは成らん」

の一言で終わりだった。お仏壇にごはんを供《そな》えようとしても、母は、

「仏さんのごはんより、生きてるもんがさきや」

と教えてくれたりしたという。どうもこのお母さんの考えは、あまりにも愛とか感謝と

か、見えない神仏を信ずる心からは距《へだ》たっていたようだ。

そのような母に育てられたTさんは、結婚して後幸いにも友人から「生長の家」のことを知らされ、「母親教室」*にさそわれた。するとそこに行って聞く話は、愛語とか、讃嘆や感謝が大切だというお話であり、母親からうけた教育とは全く別だった。しかしTさんの心を打つものがあり、感動したのである。

そこで「生長の家」で聞いた通りのことを夫に話したり、子供に伝えたりしていると、かなり平和な家庭生活が行われていった。こうしてD君が小学校へ行っている間は順潮《じゅんちょう》だったが、中学生ぐらいになってから、彼は親を「七《しち》、三《さん》に眺めるようになった」という。すなおに何でも言うことを聞くのではなく、反抗や反発がこの割合でふえて来たということであろう。

やがて夜半に外出して、うろうろと出歩いたり、夜中に帰ってきたり、学校を遅刻したり、さらに休んだりしだした。家の中のお金をちょっと盗んだりもした。家庭内での盗みは、大抵の場合、お金は「愛」を代弁していて、「もっと正しく愛してほしい」という子供のサインなのである。D君はそれを色々の形で連発したが、親の愛でもベトベトねばりつくのは愛ではなくて〝執着《しゅうじゃく》〟である。自分の思いを相手に押しつけるのを愛だと錯覚してはならない。〝子離れ〟していない父母には、この錯覚がつきまとうので、子からのサインも変形してしまう。

息子のD君は長男だったというから、もし他の子供たちとの愛の差別があると、反抗はますますひどくなり、まるで仇同士《かたきどうし》のような外観を呈するが、キリストはこのような時のことも、次のように教えておられる。

『「なんじの隣《となり》を愛し、なんじの仇《あた》を憎むべし」と云えることあるを汝等《なんじら》きけり。されど我は汝らに告ぐ、汝らの仇《あた》を愛し、汝らを責むる者のために祈れ。これ天にいます汝らの父の子とならん為なり。天の父はその日を悪しき者のうえにも、善き者のうえにも昇らせ、雨を正しき者にも、正しからぬ者にも降らせ給うなり……然《さ》らば汝らの天の父の全《まった》きが如く、汝らも全かれ。』と。（マタイ伝五ノ四三―四八）

ここでイエス・キリストは「天にいます汝らの父の子とならん為なり」と教えられ、「汝らの天の父の全きが如く、汝らも全かれ」と教えられた。天の父とは神様のことで、天の父の子とは「神の子」ということである。イエスは決して自分独《ひと》りが「神の子」だとは教えておられない。全ての人々に対して「神の子」だから、神の子らしくしなさい、それを自覚しなさいと教えられたのであり、「生長の家」でとく「神の子・人間」という根本を説かれたのであった。

## 人身事故

しかし現実の人間は、とかく現象に現れる善・悪の姿に心をとらわれ、善を押しつけ、悪を斥《しりぞ》けようとしてむきになる。ことに子育ての過程では、子離れしていない人は思い悩み苦しむのだが、サルやゴリラでは、親離れした子ザルは、やがて群から離れて、孤独な武者修行に出かけて行く。それについて行くメス猿もいるから、それらが自然に〝新しい群〟を造って行くのである。そこには親子の間の恨《うら》みや悩みは何も起らない。しかし人間の社会では、その間のやりとりで、色々と悩み苦しむことが多いものである。

それでも人の世は、色々の事件によって教育され、人々の愛や智慧《ちえ》が高められて行き、「人生学校」の教育や訓練が行われる。D君の場合は、さらに高校へ進むと、当時はまだ茶《ちゃ》髪《ぱつ》などはやっていなかったが、彼は茶髪となり、タバコを吸い、バイクにも熱中した。こうして遂に人身事故を起し、七十二歳の婦人を死亡させてしまったのである。

このときTさんは長い間「母親教室」でお話を聞きながら、「神の子・人間」の教えを会《え》得《とく》せず、彼を「私の子だ」と思いながら「追いかけ廻《まわ》して育てていた」ことを反省した。

子供が、

「これでも僕のことを〝神の子〟と思えるのか」

と詰問《きつもん》したような気がし、心から「神の子」とは現象的な善い子のことを言うのではなく、人間の本来の相《すがた》、「実相」をいうのだと気付いたのである。それで、彼女は夫に対しても、

「私がこれまで、こんな風に子供を追い立て廻して来たから、こんなことになったんや、ごめんなさい」

と素直におわびした。すると夫は、

「最初から、こういうになってたんや」

と言って下さった。これは二人がこういう運命を作って行ったのだということを言われたのであろう。そしてTさんは夫のことを、「何という心の大きい人だったんだろう」と、あらためて強く思い、信頼する気持になったのであった。

しかもそのころは既にTさんの家でも「母親教室」を開いていた。だから自分の所でこうした教室を開いているのが恥ずかしい、と自分を責める思いが一杯だ。しかしある誌友*さんから、

「相手の方《かた》も、〝観世音菩薩《かんぜおんぼさつ》〟やったんやな」

と言われたのだ。観世音菩薩とは、一定の形ある菩薩ではなく、『真理の吟唱*』にはこう書かれている。

『私たちの周囲の人々の姿となって私たちに真理の説法を常になし給うのである。意地悪と見える人の姿も、彼が意地悪なのではないのであって、私たち自身の心の何処《どこ》かに〝意地悪〟なものがあるのを、観世音菩薩が観じたまうて、それをあらわしていられるのである』と。（「観世音菩薩を称《たた》うる祈り」）

それ故《ゆえ》、これを『心の法則』とも呼ぶ。即《すなわ》ち、息子も被害者も、こうしてTさん自身に大切なことを教える役割を果されたのであった。するとTさんは、夫の心の広さも教えられることになり、それを知って、Tさんの心は少し軽くなった。

## 自然なコトバ

そこで相手のご家族の方々に一所懸命で心を尽してお見舞やご供養に協力していると、「D君も未来のある青年だから」というので、嘆願書まで書いて下さった。さらにすでに決まっていた就職先にも無事入社することができ、現在Dさんは二十六歳（発表当時）になっているが、この会社で元気に働いているということである。

処罰も嘆願書のおかげなどで、罰金五十万円の支払いだけで終了し、バイクもまた五十ＣＣから百二十五ＣＣ、さらに四百ＣＣと進んだが、現在は乗用車を走らせるようになっているということであった。そのころ近所の同級生の母親からは、

「ようこんな大きなのに乗せはるねえ」

と言われていたが、そんな時にもＴさんはいつも、

「息子のエネルギーは止まらないので、もういのちがないものと思って、乗せてます」

と答えていた。しかし最近になって、「言葉の力」がどんなに大きく、大切なものかをしみじみと知ったので、さらに一層心をこめて「誌友会*」や白鳩会*の「母親教室」などを実行し、生長の家の地方講師*、ならびに白鳩会の支部長として活動しておられる現状である。

このように人生では色々の事件が起り、時には大きな事故に見舞われることもあるが、全ては〝偶然〟といった不可解なものではなく、「心の法則」により、「言葉の力」の誤作動などによって起るものであることを知らなければならない。

冒頭に紹介した岡安直比さんも、サルやゴリラの子育てに学んだと言われるが、彼らが人間の言葉で何かを教えてくれたのではない。彼らがその行動や〝自然の生き方〟で、彼

女に「人間もあまり子供に長い期間口うるさくあれこれと干渉するものではない」と教えてくれたのであった。そこで同書の「はじめに」の項で、こう書いておられる。

『わが家の娘は、野生児である。

見た目が野性味溢《あふ》れるとか、やることがお転婆で荒っぽいとかいう比喩的な意味ではなくて、文字通り、アフリカ大陸の野生の大地に育《はぐく》まれた。……でもアフリカにいる間中、私は虚弱な子ゴリラ育てに忙しくて、実質いないも同然だった。まるで「親はなくても子は育つ」そのもの……』と。

しかし子育ての間は、サルも人間も、決して子供を放り出したままにしておくのではない。いつも離れた距離で見守っているし、時にしてはいけないことをすると、きびしく叱るのだ。猫でも時に子猫を前肢《まえあし》で叩くことがある。しかし彼らは人間のようにコトバをうまく使えないが、人間はいくらでもコトバが使える。だからこれをうまく使って、善い事をした時は喜んでほめるとよい。するとその方向に、子供はのびて行くのである。

逆に叱ってばかりいたり、口出しばかりしていると、子供はみな自然に育たず反抗への道を進む。それは全く親の育てたい方向とは逆の方向だろう。何故《なぜ》なら、親の行動や表情といったコトバが「お前は悪い子だ、ダメな子だ」というシグナルを送るからである。

　この人生はコトバで作られる。それは丁度《ちょうど》芝居の筋や映画の脚本が、〝作者のコトバ〟で作られているようなものだからである。これはいくらインターネットが発達しても、ゴリラやチンパンジーの世界でも、同じ原則が当てはまる。そして自然界には、「自然なコトバ」が充《み》ちあふれているのである。

　鳥が鳴く、カラスがさわぐ、木枯しが戸を叩く。それらは全て人々に語りかけてくれるコトバなのだ。それをいやなコトバだと思えば、いやな世界が出てくるが、喜びたのしむための大自然の音楽だと思えば、必ずたのしい喜びと感謝の世界が展開されて来るであろう。

＊総本山＝長崎県西彼杵郡西彼町喰場郷一五六七にある、生長の家総本山。
＊団体参拝練成会＝各教区ごとにまとまり、総本山に団体で参拝し受ける練成会。練成会とは、合宿して生長の家の教えを学び、実践する集い。
＊母親教室＝生長の家の女性のための組織である生長の家白鳩会が、全国各地で開いている、母親のための真理の勉強会。
＊誌友＝生長の家の月刊誌を、定期購読している人。
＊『真理の吟唱』＝谷口雅春著。霊感によって受けた真理の啓示を、朗読しやすいリズムをもった文体で

書かれた〝真理を唱える文章〟集。（日本教文社刊）

＊誌友会＝生長の家の教えを学ぶ会。主に居住地域単位の日常的な集まり。

＊白鳩会＝生長の家の女性のための組織。全国津々浦々で集会が持たれている。

＊地方講師＝自ら発願して、生長の家の教えを居住都道府県で伝える、一定の資格を持ったボランティアの講師。

# 2　自分をどうみるか

## 業《ごう》の類似について

人はみな、それぞれの人格にあった家庭に生まれて来る。それ故、父となり母となる人は、生まれ出る子供にとって、最もふさわしい父であり母である。「とんでもない父の所に生まれた。とんでもない母に育てられた」と言う人もいるが、それはとんでもない間違いである。何故ならこの世には「法則」があって、これを「親和の法則」という。「因果の法則」とか、もっとくだけて言うと「類を以て集まる法則」ともいうのである。馬の子は馬であり、牛の子は牛だというようなものだし、馬は馬同士が群れをなし、牛は牛たちで群れて暮らすような現象をいう。

そこで人が地上に生をうける時も、子供の魂は、父母の魂と似たようなものが生まれてくる。これを「お互いの業《ごう》が似ている」とか「遺伝子が似ている」などというのである。養子や養女にもらうという時も、業《ごう》や魂が似ている人を自然にもらうことになるのであって、肉体の成分が違っていても一向に差し支えはない。夫婦の場合にも同じことが言える。従って、「とんでもない人と一緒になった」というのは、やはり、とんでもない錯覚なのである。

そこで生まれてからの幼少期に、どんな教育をうけるかも、一見父母の教育方針によって決まるように見えるが、「そういう心の父母の所へ引き寄せられて生まれて来た」のが、その子供たちなのだ。しかもこの幼少期のしつけや教育は、とても大きな力を持っていて、そこに子供たちの一生の「縮図」が見出せるものである。

平成十三年十月号の『光の泉』誌*には、勝海舟の『氷川清話』から引用した箇所があるが、同じ講談社発行の『勝海舟全集』第二十巻には、『海舟語録』がある。この本も第二十一巻の『氷川清話』と似通った海舟晩年の語録であって、巌本善治という人のインタビュー記事だ。その巻末に司馬遼太郎さんと江藤淳さんとの対談『勝海舟・その人と時代』という章がのっている。この対談はとても分かりやすく書かれているので面白いが、その中に、勝海舟（麟太郎）の幼いころの話が出てくる。彼の父は小吉《こきち》といって、直参の御家人で四十俵取りの小普請組の貧乏人だった。その小吉さんは男谷伊勢守の妾の子だったと江藤氏は話している。

『しかも小吉というのがまた非常に愉快な人物で、乞食参りに出かけたりなんかして、いまでいえばヒッピーのたぐいみたいなことを平然とやっているわけですね』という。（三九八頁）

## 幼少の躾け

そのような最低の武家に生まれた麟太郎が、ふしぎにも七歳のころ御殿奉公をしたのである。一方男谷家は二千石ぐらいの旗本で裕福だった。しかも阿茶《あちゃ》の局《つぼね》の親類だというので、ある日江戸城を見学に行った。そんな事から家慶の息子の初之丞君の遊び相手（学友）ということで御殿奉公することになった。「お局の親戚の者です」と紹介されたコトバの力だと司馬さんは話している（三九九頁）。こうした経緯で麟太郎は七歳のころから、最低と最高の生活を共有した。これが彼のくだけた江戸言葉に表れていて、彼の官をもおそれぬ特異の人生として開花して行くのである。さらに江藤淳さんは、麟太郎が犬にキンタマをかまれた話を、こう話している。

『麟太郎が犬にキンタマをかまれたときの小吉の狂乱ぶりというか、あれは感動的ですね。非常に男性的に狂乱して、まず段平《だんびら》を抜いて切るぞというようなことをいって、麟太郎をジッとさしといて、キンタマを縫合させるとか、非常に合理的ですね。ただの感情で一生懸命とりすがっているというんじゃなくて、ひと声でもわめいたらおれは切るといって、実際切るような顔をするんです。(中略)

そこまではよく出てくる武士の躾けみたいな話ですね。ぼくは子どものときあの話をなんかで読んで、いい親父だなと思ったのは、切るぞといってビクとも身動きしないようにおどしつけていたという小吉じゃなくて、それもすごいと思ったんだけれども、そのあとで毎晩、七十日間抱いて寝たということです。毎晩金毘羅さまにはだし参りに出かけて、帰ってきて抱いて寝る。スキンシップの極致ですね。(後略)』(四〇四頁―四〇五頁)

このようにして幼い頃に受けた父親の躾けと愛の表現は、青少年の心には強い感動を与えるもので、これは身分の上下とか、地位の高低を超えている。そのようなコトバ(身・口・意の三業《ごう》)があるとよろしいが、現代ではこれが欠落している人たちが多くて、青少年のデタラメな行動が横行し、社会の秩序を乱しているのである。

しかし中には、父や母からシッカリした行動を教えられている子供たちは、逆に大人に対しても、その教えを正しく反射してくるものだ。つまり親が子に与えた教えを、子供は鏡の如く反射してくれるが、それは物質的反射ではないから、もっと複雑であり、時間空間的に、質的にも形態的にも多様に変化して与え返してくる。「心の影」というその「影」とは、そのように千変万化した影であるから、平面的な影のような単純なものと思うと、「心の影」という本当の意味が理解できないであろう。

## 子供の時から

例えば平成十二年の二月二十二日の『産経新聞』には、新潟県柏崎市の安藤真由美さんからの、次のような投書がのっていた。

『狭い道路を車で走っていて対向車と道を譲り合ったとき、六歳と四歳の息子たちは「あの人、頭下げたね。いい人だね」「あの人、何もしなかった」と必ずチェックをする。

道端や駐車場に空き缶やたばこの吸い殻が捨ててあるのを見ると、「いけないいんだよ」と怒っている。先日はテレビの情報番組で母親の手料理に「気に入らない」と言った女子高生が、自分だけ出前を取って母親に料金を支払わせているのを見て、「お母さんが頑張って作ってくれたのに」と、また怒っていた。

子供の中に正しい心が育っているとするなら、日常生活の中で正しくない姿を見せている大人たちがなんと多いことか。信号待ちのときに車のドアを開けて道路に灰皿の吸い殻を捨てる人、スーパーマーケットなどのレジで割り込んでくる人、他人にぶつかっても平気な人…。

子供たちには「だれも見ていなくても、神様が見ているよ」と教えているが、大人たちには「子供たちが見ているよ」と言うべきなのだろうか。(主婦)』

このように人はみな「神様が見ているよ」と教えると分かるものだが、それは全ての人々の中に「神性・仏性」があり、それが人々の本心つまり「真実の自分」だからである。「見ている」というのは、どこか天上から神様がジロジロ見ているというのではない。何故なら前述の如くこの世は仮相であり、実相ではないからだ。現象(仮相)を超越した無次元、無限次元の神性が、三次元や四次元の現象界を直接見たり聞いたりするわけがない。しかし吾々人間に内在する神性・仏性は、正義を正義とし、善行を善行と認めることが出来、いけない事をしたら咎めるのである。

この真実のコトバを現し出し、行動化するところに「この世に生れ出る」意義があり、悦びがあり、人はみな大いなる〝生き甲斐〟を感ずるのである。さらに又平成十三年三月九日の『読売新聞』には、埼玉県幸手市の青鹿美恵子さんの投書があった。

《五歳の孫が、空手道を習い始めて四か月になる。小学生との合同練習があるというので、見学した。小学生のお兄さん、お姉さんたちが小さな子供たちの手を取って一生懸命に教えている姿を見ると、心が和んだ。礼儀正しく練習に励む姿に、いつもはいたずら坊主の孫が、頼もしく見えた。練習後、小さな体できちんと正座し、道場主の「我慢・辛抱・忍耐」のお話を聞いていた。

ちいさいころから、人として大切な心を学べることはすばらしい。同時に、孫かわいさに、つい欲しがる物を何でも買い与えてしまいがちな私も反省させられた。

「孫にものを買ってやったのに、喜ばれるどころか娘にしかられてしまうとは」という友人の愚痴をよく耳にするが、娘や嫁にしてみれば、よい子に育てようとしつけている最中だから、ありがた迷惑に思うこともあるだろう。

先日、何か買ってやろうとしたら、孫に「おばあちゃん、『我慢・辛抱・忍耐』」と言われてしまった。これからは、孫の成長を温かく見守りながら、お金では買えない〝心の財産〟をいっぱい残してやろうと心に刻んだ。》

## 礼儀と挨拶

このように人はみな、適当な訓練と躾けによって、我慢し辛抱し忍耐するという美徳を身につけることができる。この徳性は、青少年の未来を限りなく豊かなものにするのである。金銭を超えた「宝」を手にすることができると言えるだろう。そこで次のような青年も出てくる。平成十三年五月二十日の『産経新聞』にのった投書だが、

『　　　　　　　　　　　　　京谷光子　59（東京都豊島区）

ピカピカの一年生が新しい生活に慣れ、ゴールデンウイークも終わって、疲労が出てくるころでしょうか。そういえば…。「長いこと新聞配達してくれた、あの青年は元気かしら？」と思いだします。

孫にも近い年の青年。文字通り雨の日も風の日も配達してくれて、集金日にはさわやかな応対で、グチらしき言葉ひとつ言いませんでした。

三月末、集金に見えたとき、「僕は就職活動のため新聞配達を辞めますが、来月からこの人が変わって配達しますのでよろしくお願いします」と、同年配の青年を紹介してくれました。

何と礼儀の正しいこと。口べたな私は、うれしい気持ちも感謝の気持ちも満足に言うことができませんでしたが、とてもすがすがしい心をいただいてうれしくなりました。きっと彼のご両親は、心豊かな教養のある方に違いありません。

この就職難の時代、どうかよい仕事が見つかりますように、と祈りつつ…。

新しく代わった方もよさそうな人で、健康に気をつけて頑張ってほしいと願っています。（主婦）』

このように礼儀正しく挨拶が出来るということは、当り前のようであって、そうしなくなった青年たちが増大した今日このごろである。道でちょっとぶつかって、こちらが「失礼しました」と言っても、黙って通りすぎる例も多い現状だ。店から出て来た若者が、こっちを見ずにあっちばかり見ながら、こっちへやってくる。まさにぶつかりそうになるが、そういう時は、こっちが大きく身をひるがえすか、立ち止まるかしなければ、もうどうにもならない。

もしこんなときにも、明るいあいさつをし合ったら、どんなに気持のよい一日が送れるだろうか。この投書にあったような青年なら、きっとうまい挨拶をしてくれるだろうし、第一「向う見ず」の歩き方などしないであろう。「向う見ず」とはよく言った言葉だ。「向う見ず」ではなく、「向こうを見て、明るく、たのしく歩きましょう、大きなひろい、人生街道を」といった歌でも作りたい気持である。

## 自分をほめる

向こうを見ることも、挨拶も、きわめて当り前な行動だが、『自然流通の神示*』の中には、こう書かれている。

『（前略）「生長の家」はすべての者に真理を悟らしめ、異常現象を無くし、当り前の人間に人類を帰らしめ、当り前のままで其の儘で喜べる人間にならしめる処である。（後略）』

世に偉人と言われた人たちも、「当り前」を大切にしたのであった。さきに勝海舟の当り前でないような体験例を紹介したが、やはり当り前に父親の愛を感じ、父を愛した人であったことに変わりはない。さらに前述の司馬遼太郎と江藤淳の対談で、司馬さんは吉田松陰のことを次のように述べておられる。

『松陰という人はわりあい目ききの上手な人でしょう。松陰自身が目ききが上手で、ひょっとすると松陰のもっているもち味の唯一のものが目ききだったかもしれませんね。なんでもない人間をランダムに選んだ松下村塾の、なんでもない人間に、おまえは天下の

何々だとか、おまえの何々の才能はだれも及ばないとか、誰もそんなことをいわれたら昂奮しますよ。』（四〇五頁）

と言う。ここで「目きき」という言葉は人の長所短所を（あるいは本物かニセモノかを）見分けることを言っておられるようで、小吉も幼い息子の才能を目ききできたと語った後の言葉である。松陰もそれがよく出来て、なんでもない人達の才能や長所を引き出してくれたというのだ。即ち続いて曰く、

『長所を引き出されて、つまらない長所なんだけれども、非常に大きなことばで表現されたら、わりあい当たってるからみんな昂奮しちゃうんです。

さっき母親の話が出ましたけれども、松陰の場合、おかあさんが、当時でいえば国賊、政治犯、火つけ、強盗よりも凄まじい人物を自分の息子から出して、ほんとういえばおそれいらなきゃいけないのに、松陰が亡くなってからでも母親は、孫の息子や娘たちに、いろいろ教訓をたれるときに、松陰おじのようになりといって教えるんですね。そうとう母親も目ききのいい人間だったと思うんです。』（四〇五頁―四〇六頁）

一見人にはみな長所もあり、短所もあるように見える。しかし長所こそが本当の彼であり、短所はその彼がかくされている〝影〟の部分である。その長所ですら、完全無欠とい

うわけではないが、それでもその中の光り輝くところを見て、それをコトバや態度で称讃すると、その長所がますます輝き出て、短所をも消し去り、その奥の長所を発揮するのである。

この目ききは父や母だけに頼ってはいけない。やはり自分自身が、自分の長所を称讃し、引き出して行くことが大切である。何かすこしでも良いことをしたら、その良いことをした自分をほめるのだ。

『常に自分を立派な者だと思いなさい』

と『新版　生活読本』*の中で谷口雅春大聖師*は述べておられる（一六六頁）。自分で自分の「神性・仏性」を目ききするのだ。それが毎日実修するところの「神想観」*である。だからこれを必ず「一日一回か二回は実修する」ことがとても大切だということになるのである。

*『光の泉』誌＝生長の家の男性向けの月刊誌。
*『自然流通の神示』＝谷口雅春大聖師が昭和八年に霊感を得て書かれた言葉で、この神示の全文は『新

編　聖光録』『御守護　神示集』（いずれも日本教文社刊）に収録されている。
＊『新版　生活読本』＝谷口雅春著。（日本教文社刊）
＊谷口雅春大聖師＝生長の家創始者。昭和六十年、満九十一歳で昇天。主著に『生命の實相』（頭注版・全四十巻）聖経『甘露の法雨』等（いずれも日本教文社刊）がある。
＊「神想観」＝生長の家独得の座禅的瞑想法。詳しくは、谷口清超著『神想観はすばらしい』（日本教文社刊）参照。

# 3　心の縛りを解く

## 子供の幸福

すべての母親は父親と共に子供の幸福を、心から希《ねが》っている。だから子供が病気になったり、学校や仕事場で迷ったり苦しんだりするのを見るのは、とても心配でたまらない。そこで何とかして子供の問題を解決しようと思うのだが、そのためには「だれかを憎んでいてはだめ」である。というのは、神様がお造りになった「本当の世界」すなわち「実相」は完全円満で、悪い人や、憎らしい人は一人もいないのが本当だからだ。殊《こと》に子供に関係する人を憎み恨んで、子供の不幸の原因を〝その人〟のせいにしていると、子供の病気や不幸な状態は、なかなか治らないのである。

「これにはちゃんとした訳《わけ》がある。みなあの人が悪いからです！」

と言うかも知れないが、その現象に心を引っ掛からせず、相手をゆるし、さらに感謝して、「完全円満な神の国」を心で観る練習をすると、子供の悩みも、父母の心配もなくなって、うれしく楽しい人生に〝突然変異〟するのである。例えばこんな実例がある。札幌市豊平区清田八条三に橘洋子《ようこ》さん（昭和二十年二月生まれ）という奥さんが住んでおられるが、平成四年の十月のある日、三男の和寿《かずひさ》君が、

「こんな家なんか出て行ってやる」

と言って、鞄を持ってどこかへ行ってしまった。当時中学三年生だったが、まだ二年生の終わりごろの二月に、ご主人の転勤で札幌に戻ってきたため、和寿君も転校したのであった。すると校則に合わない服装や態度をとり、髪形も乱れていた。そんな転校生に対し、担任となった若い男の先生が第一印象で〝問題児〟と見たらしい。その日から、この先生（A）と和寿君（K）との心の葛藤が始まったのである。

一方K君は友達もでき、サッカー部に入って頑張《がんば》っていたが、三年生の秋頃になると受験態勢になり、ストレスが加わった。するとしだいにK君の生活が乱れ始め、友達の家によって来て帰りが遅くなる。すると母親が心配して口論する。それが次第に激烈となり、ついに家を飛び出してしまったのだ。

## 先生とのトラブル

最初のころ洋子さんは、K君が二、三日で帰ってくるだろうと思っていた。だが五日目になっても帰らない。そこでA先生に相談しなければならないと思っていた矢先に、A先生から呼び出された。行って聞いてみると、K君は友達の家から学校へは通っていたようだが、先生は何か異変を感じたらしく、K君を問い詰めて、「家に戻っていない」ことを知った。洋子さんが教室に入って、まず目にしたのは、まるで犯罪者のような格好をして座っていた哀れなわが子の姿だった。見ると顔がすこし腫れていて、殴られたことが一目で判った。先生は、

「お母さん、どうしてこの大事な時期に、黙って外泊したんですか。問題を起こされては困るんです！」

ときつい言葉で非難し、さらに息子に向かって、

「もうお前の受験の面倒は見ないから、もう勝手にしろ！」

と怒鳴りつけるのだった。しばらくしてから親子はやりきれない思いで家路についた。

その日からK君は、「もう学校には行かない」と言い始めた。「これは大変」というので、

家族で何度も話し合った。兄達も忠告してくれ、

「社会にでたら、お前が考えるほど甘いもんじゃないんだから、高校だけは行っておいた方がいい」

と何度も説得した。しかし本人は、もう友達の父の電気屋さんで使ってもらう約束をしたから、「学校へは行かない」と頑張るのだ。洋子さんは困り果て、同じ地域の白鳩会のある講師さんに相談した。すると、

「まだ十五歳の中学生で、学校をやめて、働こうと思う息子さんは、どんなに辛い思いでいるでしょう。あなたが心で、悪い子だと思ったり、どうしても高校へ行かせなくてはならないと思う、その心の〝縛り〟を放さなくてはだめですよ」

と教えて下さった。しかし洋子さんは、なかなか〝縛り〟を放ち去る訳にはいかないのだ。

「大学へ行かないのとは訳が違う。高校へ行かないなんて、とんでもない！」

と強く反発した。

## 神様に全托

母としては、当然子供に対する夢や希望がある。「こうなって欲しい」と思うのは当たり前だが、それを頑《かたく》なに主張してばかりいても、実現するとは限らない。なぜなら、母と子とは別人格であり、子どもが大きく成長すると、母の希望をそのまま子どもに押しつける訳にはいかなくなるからだ。ことにその希望に母親自身の「世間体《せけんてい》」や「親の見栄《みえ》」などが混入していると、いつのまにか「子どもの為」が「親の為」に変化して、〃偽善的〃になるからである。また先生に対する反発心があると、これも問題を解決する上の大きな障害となる。

生長の家では、「解決のできない問題はない」と教えられている。洋子さんは昭和四十五年に生長の家を知られたから、かなりの知識と愛行が進んでいた。しかし〃心の縛りを解く〃ことは、なかなか困難だった。

「ひょっとすると神様は、私に〃解決のできない問題〃を下さったのではないか」

とまで思ったこともある。しかし或る日のこと、

「そうだ、神様の世界では、もうこの子の将来の幸せは約束されている。だからこの問題

は神様に全托しよう」

と決意して、心の縛りを解きはなったのだ。するとその日学校から帰ってきたK君は、

「おれはやっぱり、高校へ行くわ」

と言い出した。このように母と子の心は深く関わり合っているものである。子どもを縛っている母の心は、「この子はまだ悪い」と思う心と似たりよったりだから、それを神様に全托すると、自然に「神の子はすばらしい」に変わるのである。

そこで彼女は、息子の心境の変化を悦ぶとともに、高校受験のことよりも、先生との和解が第一だと思い、神想観の時K君がA先生と調和している姿を真剣に祈ったが、さらに洋子さんはA先生のご祖先も供養したいと思いつき、毎月教化部*で行われている〝先祖供養会〟に参加した。

するとA先生にも気持ちの変化が現れ、三ヵ月もたつうちに、先生もK君に優しい言葉をかけてくださるようになったのである。するとK君も嬉しいから、

「本当は良い先生だったんだね」

と言うように大きく変わった。こうして高校受験の日になると、試験場で試験官の高校の先生から、

「君が十五年間生きてきた中で、一番印象に残っている人は誰ですか?」

と聞かれたとき、K君はためらわずA先生の名前をあげたということである。

## 魂の向上

こうしていよいよ中学校の卒業式の日になり、洋子さんがA先生に、いままでとてもお世話になりましたとお礼を言うと、先生は、

「お宅の息子さんは、もう大丈夫ですよ」

と明るく答えて下さったということである。このように一見とても不可能に思えるような問題の解決も、決して不可能ではなく、しかもそれを解決することによって、さらに魂の進歩向上が進み、「実相」の素晴らしさが、この現象界に投影されて来るものだということが分かるのである。その後K君はこの高校でサッカー部に入って大活躍しているということだった。

このように、子どもを愛するということは、子どもを自分の思いどおりに縛り付けることではなく、子どもの神性・仏性を認めて、心の縛りを解くことである。これにはやはりかなりの練習がいる。それは子どもを「ほったらかしにする」のではなく、そうかと言っ

て「世話を焼きすぎる」のでもないからだ。「把住《はじゆう》と放行《ほうぎよう》」という言葉があるが、そのどちらにも引っかかってしまうと、「愛」が本物でなくなるし、心は縛られっぱなしで、神の国を観ることができなくなるのである。

北海道伊達《だて》市南稀府《まれふ》町二七〇に住んでおられる小針奈美子さん（昭和二十年一月生まれ）の長女さん（かりにB子とする）は、お母さんの束縛が嫌《いや》で、卒業と同時に、札幌に出て就職した。そこは保養所で、管理人とB子さんとで住んでいたので、友達も少なかった。すると、たまたまお手伝いに来た四十歳ぐらいの女性（C子とする）とB子さんは知り合いになった。ところがこの人が問題で、以来B子さんはC子さんのところにしばしば遊びに行くようになった。

するとC子さんはB子さんに「商売をしよう」としきりに勧める。それに引きずられて、B子さんは今まで預金していたお金を、C子さんに渡し、そのほかにも給料からも渡し、合計九十万円ぐらいを渡してしまった。そのほか「商売に必要だ」というので、ビデオやビデオディスクの会員券などのローンなどを組まされたので、それが百万円くらいになった。そのことを知って、奈美子さんはびっくりした。「それは危険だ」といろいろ言って聞かせるが、B子さんは頑として言うことを聞かない。そのうち保養所の仕事をやめて、C子さんのところに行った切りになってしまった。

さあ、こうなると大変だ。母親としては心配でたまらない。そこで思い余って警察に相談に行ったが、B子さんが成人に達しているからどうにもならないと言う。奈美子さんは悩み苦しんだ。そしてついに生長の家の室蘭の教化部に行って相談したのである。当時教化部長だった和田講師に詳しくお話しすると、人間・神の子の話しから、

「お宅には、流産児はいませんか」

と聞かれるのであった。奈美子さんは最初の子を流産したことがあった。その後二人子どもが生まれ育ったので、そのあと妊娠した二人の子どもを堕胎《だたい》していた。それを悪いと気付かず、供養もしていなかったのである。しかしこれはまさに親の独り勝手な押しつけで、幼いわが子を親の都合で殺したことになる。こんな自分勝手が「親の愛」ですまされる訳にはいかないだろう。この「押しつけ心」の反省が、その後の人生では、何らかの形で訓練されることになるものである。

こんな話しをして、生長の家の本をよく読み、「流産児の供養をよくしなさい」と、和田先生から懇々と諭《さと》された。そこで教えられた通り生長の家の本を読むと、奈美子さんは自然に涙が流れてきた。今まで目に見える子どもたちだけに執着し、ああでもない、こうで

もないと、自分勝手な思いを押しつけて、「愛している」と自己満足していたが、これでは余りにも母の愛が足りなかった、と気が付いたのだ。堕《おろ》した子どもが可哀そうだと気がついた。そしてさらに流産児や人工流産児の供養を勤めるとともに、札幌市の消費者協会に頼んで、ローンの方の解約をお願いした。

するとどうしたことか会員券発売の親会社が倒産して、ビデオやビデオデッキなどの使用の解約は三万円くらいの支払で済んだのである。しかし娘さんはその女性の所に行ってしまったので、奈美子さんは、どこまでもB子さんやC子さんの実相の素晴らしさを信じ、祈り、認め、夫婦でお互いに感謝し合って、明るい気持ちで暮らした。「いつかきっと娘に会える」と思い、毎日聖経*を読誦し、また神想観を行なっていた。

そして或る日思いきってC子さんのアパートに訪ねて行くと、もうそこは引っ越していて、誰もいない。そこでアパートの管理人の所に行って聞いてみると、娘さんの保証人になっている人の住所を教えてくれた。そこでこの人の所を訪問すると、C子は悪い人で、B子さんはどこかへ売られるかもしれない、心配でしょうから、心当たりを探してみましょう、ということになったのである。

そこで奈美子さんは多くの人々の好意と深切に感謝しながら、待っていると、一週間後に電話があり、やっと住所が分かったので、さっそく娘さんに連絡し、四月になって会うことが出来た。その間奈美子さんは少しもC子さんを恨まず、憎まず、ひたすら感謝し、神想観や、聖経の読誦を行い、『善のみが唯一の力である』ことを信じて愛を深め、心の縛りを解くことを行じたのであった。この体験発表の時B子さんは二十一歳となり、別の仕事をしながら札幌で元気に暮らしているということであった。

また奈美子さんのご主人も、その年の四月に突然会社の職を変わったが、それがどうも身に合わないというので、やめることになったのだ。そこで白鳩会の連合会長である逢坂さんに相談すると、

「これはきっとあなたの御主人に、最もふさわしい職が与えられるということですよ」

と教えられ、以後夫婦は安心して、毎日熱心に聖経の読誦を続けていると、そのうち六月の初めに、素晴らしい職が与えられ、今も夫婦なかよく暮らしておられるということであった。

このように人生は「人生学校」とか「人生道場」といわれるように魂の訓練の場であるから、いろいろの難問が出てくるようでも、それは必ず解決できるし、また解決に努力することの中で、人の本来の心、「神の子・人間」の心、言い替えると「仏心」を現し出すよ

うになるものだ。そしてこの「仏心」なるものはそのまま「把住即放行」なのである。谷口雅春大聖師の『生命の實相』＊という聖典の中に、「把住と放行」という〝随喜篇〟＊があるが、その第二章に「放つもののみ生きる」と題して次のように書かれている。

『人間は神の子である。神より出でたるものは神と同じき円融無礙《えんゆうむげ》自由自在な霊なる性質をもっているのが当然である。その反対のことは断じてありえないのである。「生命の實相」でいろいろの病気が治る、あるいは境遇がよくなる、いろいろの奇跡的な事件が起こる。人は不思議がり、神秘めかしく感じ、その奇跡の根因を自己の外にある神の力だと感ずる。しかし、これは愚かなことである。どこか自分以外のところに神がいてそういう奇跡を行なってくれると考え、できるだけその神に諂《へつら》い平身低頭して神のみこころに従わねばならぬと考えるところに迷信というものが混入する恐れがある。神は諂いや平身低頭に感応したまうのではなく、誠に感応し給うのである。誠とは人に宿る神である。神が誠に感応し給うのは、大宇宙の聖霊と人に宿る神性（誠）とが同一根元であるために波長が合うからである。』

以下「把住と放行」の全文をよく読んで頂きたいと思うのである。

＊教化部＝生長の家の各教区における布教、伝道の中心となる拠点。
＊聖経＝『甘露の法雨』を始めとする生長の家のお経の総称。他に『天使の言葉』『続々甘露の法雨』『聖使命菩薩讃偈』などがある。（日本教文社刊）
＊『生命の實相』＝谷口雅春著。生長の家の聖典。頭注版・全四十巻。愛蔵版・全二十巻。昭和七年発刊以来、累計一千九百万部を超え、無数の人々に生きる喜びと希望とを与え続けている。（日本教文社刊）
＊「把住と放行」という〝隨喜篇〟＝『生命の實相』頭注版第33巻参照。

# 4　「平等」と「差別」について

## 何が差別か

日本では四月から新学期が始まり、新しい会計年度が始まる習慣になっている。外国ではそれぞれ別の月を会計年度や新学期、入学や卒業月ときめている所も沢山ある。しかしこれを「差別」として非難する人はいないだろう。ところがそうではなく、男女間の差別とか、長男とそれ以外の子、あるいは一流校と二流校などという差別は、不合理な点が見られる。ことに〝勲章〟に勲一等とか勲二等、三等などと差別をつけるのは、つける人達の身勝手な判断が目立ち、いつも政治家が上位にあって反感を与えるようであった。

しかし運動会で一等、二等をつけるのはいけないと言って、皆で手をつないでゴールに入ろうなどというのは、これまたおかしげなもので、「何のための競走か」ということになる。さらに間違った答案と正解の答案とが〝同点〟だというのでは、試験の意味もなくなってしまう。職業上も、全社員が一律の給料とか、社長も平社員も同一権限というのでは、企業成果も上がらないだろう。

このように考えると、「差別」というのはどの辺までを指すのか、その判断や取り扱い方は大変難しく、宗教的には「女人禁制」の問題や、「善人なおもて往生《おうじょう》す、いわんや悪人をや」の善人と悪人の不平等さも登場してくるのである。さらにイエス・キリストは、『幸《さいわい》福なるかな、貧しき者よ、神の国は汝らの有《もの》なり』（ルカ伝六―二〇）と説かれたが、貧しい人が富める者よりも幸福であり、神の国の住人となるのかということになってきて、いろいろと問題になるものである。

こうして現実には、家庭内で兄弟姉妹が父母から差別されたとか、差別をうけたと思って、悲劇的事件に発展して行った例は、数え切れないくらいある。

例えば、平成十二年五月に起きた西鉄のバス・ジャック事件についてだが、平成十二年十二月号の『文藝春秋』誌に、この〝少年〟の両親の手記がのっていた。父と母との手記であるが、当時この〝少年〟は医療少年院に送られているとも書かれていた。

## 事件の発端

多くの人々が知る如く、この〝少年〟は平成十二年五月三日午後〇時五十六分佐賀駅発の天神行き西鉄高速バスに乗り込み、大きな包丁などで乗客を人質にとり、その一人を殺害して、五月四日の午前五時すぎに、やっと広島県で逮捕された。父親の手記によると、事件の二ヵ月前の三月に、〝少年〟の部屋に「おそろしい刃物がたくさんあった」と妻から告げられたそうだ。机の引き出しからは〝少年〟の犯行声明文もみつかった。その中に、

「……最近もう一人の別のが出てきた　そして僕に恐ろしいことをすすめる　人を殺せ　人を殺せ　だれか僕を止めてください　もう止まらない　もう止まらない　父と母が少し気づいたようだ……」

と書かれていた（母の手記）というから、この「声」に強く影響されたことは事実だろう。しかし、なぜそんな「声」が聞えてくるのか。母の手記によると〝少年〟は中学三年の夏から暴れはじめたという。

『その矛先が、下の子にも向けられたのです。

「お前の部屋は汚い」と難癖をつけ、下の子の部屋から勝手に手紙や賞状などを持ち出

し、捨てたりするようになり……』

とあって、母親は彼の部屋から包丁や、サバイバルナイフ、バタフライナイフ、スタンガン、催涙スプレーなどを見つけ、「すっかり腰を抜かした」という。そこで翌日から臨床心理士のB先生に電話して相談をした。三月四日に〝少年〟は大きなゴミ袋を四個もって来て、父に「会社の焼却炉に連れていってくれ」と頼んだ。父は午後七時ごろ彼を焼却炉に連れて行き、「手伝ってあげる」といったが、「自分で燃やす」といい、一時間ぐらいかけて燃やし終えた。

頭の中がまっ白になった母がB先生に電話すると、「すぐに息子さんを保護しないといけません」と言われ、午後六時半すぎに国立肥前療養所に電話して、「助けてください」とたのんだ。しかし療養所のA先生は「受診歴のない人」として、入院をことわった。そこで警察に電話したので、警官三名が自宅に来てくれた。

「療養所は、なんと言っていますか」

「なにも問題を起こしていない息子を入院させることはできないと」

「だれか紹介者がいると入院させてくれるかもしれませんよ」

そこで心理士のB先生に紹介者になってもらい、翌日の午前十一時に受診予約を取って下さった。こうして三月五日の日曜の朝、十一時近くに療養所のD先生に電話をかけると、「なにも問題を起こしていない人を引き受けることはできません」と再びことわられた。そこで父親が警察に電話をかけたが、やはり「何もしていない人を、どうすることもできない、保健所に電話しなさい」と言われた。B先生も不在だ、困り切っている時、町沢静夫先生（立教大教授）の名前を思い出し、電話をかけたが、つながらない。二、三回目にやっとつながったので、父（又は母）が電話で説明した。そしてやっと療養所と警察とのオーケーをもらい、〝少年〟を連れ出すことができたというのである。

## なぜこうなったか

この経緯をみると、現在の日本における危機管理のあり方が、非常に〝なまぬるい〟という印象をうけるだろう。しかも規則一点ばりだが、こうしてやっと私服の警官の助力を得た。先ず父母が自宅から〝少年〟を連れ出そうとすると、逆上した彼は「ワーワーとわめき出し、ランニングシャツ姿のまま大声をあげながら二階に駆けあがろうとした。」その姿をみて私服の警官が助力してくれて、やっと療養所に入れることができた。〝少年〟はその問診の途中で父母に対し、

「お前たち、そんなことをしていたのか。覚えていろよ」
と言い、問診にはなにも答えなかったというのである。この〝少年〟に四月二十六日には療養所から初めて外出の許可が出た。この許可が不適当ではなかったかという疑問は、事件発生後に色々の所から発せられたのは周知の如くである。

しかし何故彼がこのような少年になったかの原因は、これだけではよく分からない。母の手記によると、幼いころは素直で、まじめで、優しい子どもだったという。彼は早春の正午すぎに生まれ、体重三千二百グラム、身長五十センチ、父は三十二歳、母は二十九歳で、結婚後二年目だったという。その間に夫婦間で〝人工流産〟をさせたということは、ちょっと考えにくい。もしあったとすれば、その水子さんとこの長男との間には大きな〝差別待遇〟が起ったはずである。つまり堕ろされた子は父母から捨てられたのであり、〝少年〟は育てられ、可愛がられたことになるからだ。〝少年〟は少食だったが、体重も順調にふえ、言葉の発達も人並みだった。

彼が中学生になるまで、母はほとんど主婦業に専念し、父は建設機械の販売会社の営業マンで、休日には家族をつれてドライブに行くと、〝少年〟はとてもよろこんだ。幼稚園に通ったころの彼は、挨拶が上手だったが、一人で遊んでいて、他の子供たちの仲になかなか溶け込めない。彼は不器用で、運動が苦手だった。縄飛びも、靴ひもの結びも根気よく教えた。イジメにあわないようにと、小学四年生ごろは空手道場に通わせたが、やる気がなく一年でやめてしまった。几帳面で、生き物を可愛がっていた。内弁慶で、言いたいことだけを言い、聞きたいことだけを聞いたという。ところが手記には、

『下の子は、長男とは反対に、友達も多く、運動も得意で、社交的でした。長男は自分にないものを持っている下の子に劣等感のようなものがあったかもしれません』

とある。部活は運動部を嫌って、美術部に入った。すると同級生からは「女にもてたいから美術部に入ったのだろう」とからかわれ、嫌がらせが執拗《しつよう》に続いたという。そしてこのグループからの嫌がらせの件では、

『息子が「毎日、毎日、学校からの帰り道に、集団で悪口、皮肉、嫌味を言われつづけていた」と自分の言葉で語っています』

『息子の言動が荒れ始めたのは、中学三年生の夏ごろからでした……「貴様」、「下衆《げす》」、「お前ら」、「ぶっ殺す」などといった言葉で親に当り散らす。何を言っても聞く耳を持たず、一時間でも二時間でもわめき散らしていました……息子の要求は、どんどんエスカレートしていきます……』

## 差別と干渉

このような「手記」だけでは、〝少年〟が何故反抗的になって行き、遂には夜間でも父母に自動車をブッ飛ばさせ、無理難題を言い、遂にバス・ジャックまでやり出したのか、その原因は不明である。ただ「下の子」が社交的で明るかったのに対して、彼は〝劣等感〟をもっていたという点が問題で、父母からの取り扱いで、兄弟の間に差別があったのかも知れない。

何とかして「よくしたい」という切実な親の思いは、とかく本人を監視したり、干渉しがちになるものである。一方問題のない子は自由にさせて、監視の目からは外してしまう。このような父母の兄弟に対する差別があると、干渉された方の子は劣等感を憶え、荒れ出すということは充分ありうるのである。そして荒れたり無理難題を言いつのるうちに、干渉や監視はますます強まり、遂には精神科に入院という所まで追いつめられ、殺人にも及ぶこともあり得るのだ。

さらにもしこの二人の兄弟以外に、人工流産させられた胎児がいたとすれば、その〝差別待遇〟は、生と死の差別であるから、大きな反作用を及ぼし、悪業《あくごう》が悪果をもたらすという結果を招く。
そこで父母たる者は、子供の能力や男女差による差別などは、極力なくすことを練習しなければならない。さらに又宗教上もまた税法上も、男女差別があることは全く不合理なのである。そこで道元禅師も『正法眼蔵《しょうぼうげんぞう》』の中で「女人禁制など釈尊はおっしゃっていない」とお説きになり、蓮華色比丘尼《れんげしきびくに》という女性がもと売春婦であった話も説いておられる。（「袈裟功徳の巻」参照）
さらに「悪人」と「善人」の差別の点だが、本来人間には、そんな差別も何もなく、仏《ぶっ》性《しょう》そのものであり、神性《しんせい》なる「神の子」である。そして又釈尊のお悟りの如く「天上天下《てんじょうてんげ》唯我独尊《ゆいがどくそん》」である。ところが『歎異抄《たんにしょう》』の中には、「悪人正機《しょうき》」の教えといわれるものが説かれている。『歎異抄』は法然や親鸞の書かれたものではなく、親鸞の弟子の唯円《ゆいえん》の文章だが、法然が親鸞に〝口伝《くでん》〟として伝え、それを唯円が〝口伝〟として伝えられたという形になっている。
この〝口伝〟というのは、師と弟子が対面して、教えを口で伝えるのであって、文章では説けないことも心と心とで通じ合って伝える内容を含んでいる。その『口伝鈔』という書物の中には、次のように書かれている。

『本願寺の聖人《しようにん》、黒谷《くろだに》の先徳《せんとく》より御相乗《ごそうじよう》とて、如信上人《によしんしようにん》おおせられていわく、世のひと、つねにおもえらく、悪人なおもて往生《おうじよう》す、いわんや善人をやと。（中略）この事、とおくは弥陀《みだ》の本願にそむき、ちかくは釈尊出世《しやくそんしゆつせ》の金言《こんげん》に違せり。（中略）傍機《ぼうき》たるべき善凡夫、なお往生せば、もっぱら正機たるべき悪凡夫、いかでか往生せざらん。しかれば、善人なおもて往生す、いかにいわんや悪人をやというべしと、おおせごとありき』

この引用文は五木寛之氏の『人生の目的』という本（幻冬舎文庫）から借用したが、如信上人というのは親鸞のお孫さんに当たるお方である。この文章では「悪人正機《しようき》」「善人傍《ぼう》機《き》」といい、悪人の方を先ず仏は救い給い、善人は第二番目に救われるというように解釈されそうである。

しかし果して「悪人」と「善人」とをそのように差別してよいものであろうか。仏の救いとは、先ず悪人のためにあるというのではおかしい。この場合は、自分の悪を自覚して、懺悔の心を起している者と、自分は善人だと思い上がっている人との信仰上の深浅の差であって、そのような善悪として考えなくては、仏の慈悲の普遍性がそこなわれるであろう。それは丁度「先ず長男は愛するが、次男はその次だ」という愛情の偏《かたよ》りにも似てくるからである。

## 平等とは何か

しかしながら人間は「神性・仏性」そのものであり、みな神の子で仏なりというのが「生長の家」の根本信仰である。それは全ての人々に「神性」を認めるのであり、肉体的な別けへだてや、人種的差別、性的差別など何一つありえない。ところが、その無差別の本質を、現象的な成績や能力にまで及ぼして、凡ゆる競争を否定し評価を同一にしなければならないとなると、これは「実相」と「現象」との混同となり、本末転倒の結果に陥《おちい》るのだ。例えば平成十二年十一月二十七日の『産経新聞』には、次のような〝主張〟がのせられていた。

『大阪府豊中市で、成績評価の形がい化や運動会の順位付け廃止など、行き過ぎた平等教育の実態が明らかになっている。教育の機会均等と結果の平等を混同したやり方だ。真に子供の将来を思うのなら、その能力差や努力の結果を適正に評価すべきである。

「豊中の教育」は、徹底した平等主義と温情主義で貫かれているようだ。学期末にもらう通信簿は通常、小学校三年生から三段階評価だが、豊中市の多くの小学校は二段階評価で、ほとんどが上位の「◎」か「A」だという。通信簿の原簿にあたる指導要録では、A

BC三段階で評価すべき「学習の状況」欄が一律「B」になっていたケースもある。一部の教師はテストの点数すらつけていない。

　これは一種の公教育の放棄である。子供は競争らしい競争がなく楽かもしれないが、いずれ成長して大人になれば、いやおうなく競争原理にさらされる。豊中市でも小学校で「◎」や「A」ばかりだった子が中学校に入ったとたん、五段階評価で「2」や「3」をもらい、がく然とした親子がいるという。小学校のころから競争意識をはぐくんでおく必要がある。

　運動会の徒競走やリレーで、順位をつけないのも問題だ。子供たちの中には、勉学は苦手でも体力や運動神経には自信があり運動会になると張り切る子がいる。そんな子の楽しみを奪ってはいけない。足の速い子は徒競走で一等賞をもらって当然ではないか。

　子供はみな同じではない。それぞれが違った能力や素質をもち、本人の努力と先生や親の助力によって、それに磨きをかけていく。教育の機会は均等に保障されなければならないが、結果は平等ではありえない。結果の平等を重視するあまり、伸びる子の才能をつぶしてはならないのである。（後略）』

　全て人間は「無限力」の持主である。そしてその内在の力を、この世やあの世で、表現する努力の喜びを味わうのが「人生の目的」だということを知らなくてはならない。この目的のために、この世のみならず、無数の来世があり、そこには天と地、即《すなわ》ち高度の表現世界と、まだ幼い程度の表現世界が仮設され、自由自在な表現をなしうるように定められているのである。

# II

# いのちの尊さ——神の子のいのちを生きる

# 1　成人式について

## 元服

人はみな、子供の成長を待ち望んでいる。そしてやっと成人に近くなったと思うと、そのことをお祝いしたい。だから昔から「元服《げんぷく》」という儀式を行って、これを祝った。男子は髪を大人のように結《ゆ》い、冠をかぶり、大人のような服を着た。年齢は決まっていなかったが、大体十一歳から十六歳ぐらいに行ったものだ。江戸時代には女性でも行ったが、これは結婚した女性が眉をそったり歯を黒く染めたり、髪を丸まげに結ったりしたことを指したようだ。男性は〝えぼし名〟といって、元服名を付けたものである。

平成時代の今の日本では、そのような仕来りはなくなったが、その代りに「成人式」というのをやる市町村がある。この式が一月十五日に決まっていたから〝祝日〟になっていたが、平成十四年には一月十四日にずり上がった。日曜日とくっつけるためのようだが、このような〝休日変更〟には何ら意味はない。ただ〝連休〟のために利用されただけである。日付の変更は、主催者がきめたらよいのであって、何も国家全体が休日に指定する必要はないだろう。個人の誕生日と同じようなものだからだ。

さてその祝い方だが、二十歳の成人式となると、まだ自分で何もかも用意するのは難しい（つまり実質的未成年だ）から、主に父母が配慮してくれるようだ。平成十四年一月二十七日の『毎日新聞』の投書欄で、東京都杉並区に住む林順子さん（44）は、こう書いておられた。

『成人の日が過ぎました。我が家でも大学生の一人娘が成人となりました。私と夫は娘に、成人として必ず着る時のくる、黒の上下の洋服、黒のコート、黒い靴、黒のバッグ、真珠の一連と三連のネックレスとおそろいのイヤリングとブレスレット、水晶の数珠を準備しました。

各家庭で、それぞれの趣味趣向に応じた成人の日の思い出となる会話や食事、記念品などで楽しく一日を過ごされたでしょう。

娘に、私や主人の代わりに冠婚葬祭に出席してもらうこともあると思います。その時、

20歳を過ぎたことを本人が一番感じるでしょう。全国の新成人に、それぞれの形の幸あれ、と願います。』

## 成人式

一人娘の大学生さんは、このように父母から愛されているのだから、そのご恩に報いてもらいたいものだ。とにかく成人としての自覚を現すことが肝要だが、同日の同紙には渡辺正昭さん（75）という福島県矢吹町に住む商工会長さんのこんな投書もあった。

『「ワッセ！」「ワッセ！」と、元気の良い掛け声がした。2人の若者が歩道の雪かきをした。「おはよう。ご苦労さんだね」と声を掛けた。若者は「成人を迎えたので、社会奉仕をしたい気持ちで始めた。20歳の記念ですよ」と。約200メートルの歩道を歩行者が安心して歩けるように頑張ったと言う。

10センチの積雪を雪かきするには力がいる。額には汗がにじみ出ていた。1人がさっと雪をかく。その後を仕上げの雪掃きを1人がする。息の合った動作で、歩道の中央に50センチの幅で雪がかき分けられてゆく。これで歩行者は大いに助かる。

この道路は町の裏側にある。自動車の行き来が少ないので、歩行者が多く利用するところ。商工会の前も、神社の前のところも、きれいに雪かきされてすっきりした感じだ。小学校に通う児童たちの笑顔も目に浮かんでくる。

今どきの若者はと、色眼鏡で見られるご時世だが、今日は、ほのぼのとした2人の若者に敬礼をした。』

このような若者は、まさに「元服」式をすませた身心を示していると言えるだろう。その身も心も、両親の日頃の教えやコトバや行動が適切であったということを現している。「ひとりでにそうなった」と言えるものではない。人は母親の胎内に宿る時から、母や父のコトバを聞いて育ち、生まれてからも父や母のコトバや表情を見て何事かを学び続けるものだ。成人式の若者の中には、派手な和服や芸人さんの着るような和服を着て、勝手気侭《かってきまま》な行動をとる者もいるようだが、それではあまりにも「未成人」ぶりを発揮している式典で、市町村が公金で（つまり税金で）その費用をまかなってあげるのは無意味である。

しかし若人の中には色々の心掛けの人がいるから、一月二十三日の『毎日新聞』には、岡山市の中島奈津枝さん（45）のこんな投書ものっていた。

『成人式の日、娘は自分で縫った振りそでをうれしそうに着て行きました。

高校卒業後、娘は職業訓練学校に入学。和裁の勉強をしています。デパートで振りそでの生地を購入し、勉強の合間に一生懸命縫っていました。1カ月かかって縫い上げました。

「娘の振りそでを自分で縫ってやりたい」が私の夢でした。二十数年前から、一生懸命いこをしていました。夢はかなわなかったけれど、まさか自分の娘が、自分で仕立てるなんて、思っても、願ってもみませんでした。

「せっかくだから、お母さんも何か縫って」。その一言に甘えて、長じゅばんのえりに奇麗な刺しゅうの布を縫い付けました。』

## 無限力

言うまでもなく、人間には「無限能力」が隠されている。それは「肉体の力」というだけではなく、魂の力であり、肉体が死んでもなお生き続ける「神の子・人間」としての無限力である。それをこの現象界で、どれだけ表現するかを試みるのであって、その〝練習〟を小さい時から死ぬまで繰返し行う。それ故、父母たるものはこの真実をしっかりと子供たちに伝えなければならない。

その伝え方には色々あるが、一番大切な点は、父や母が「いかに生きるか」ということである。この世では、「身《しん》・口《く》・意《い》」のコトバが父母の生活を形成し、日常の家庭や仕事を通して、息子や娘に伝えられる。勿論《もちろん》現象人間にはまだ「神の子」としての完全さは出ていない。不完全な親であることは間違いないが、その不完全さを通してでも、子供たちにせい一杯の正しい信仰を伝えることができるものだ。その心からなる〝力一杯の生活〟が、子供達には何よりの教訓となり、彼らの人生を作り上げるのである。

しかしまだ二十歳ぐらいの年齢では、未熟な点も多いし、失敗もあるだろう。中には親子共に困窮し、失敗を重ねたという例もある。けれどもその失敗が、逆に又教訓となって、子供達を鍛えてくれるから、未成年期の失敗を見て、失望落胆する必要はない。つねに彼らの中に実在する「神性・仏性」を信じ、観じ、誉め、はげまして、正しく愛し続ければよいのである。

例えば平成十四年一月二十六日の『読売新聞』には「街の詩」と題して、次のような小島剛氏の記事がのっていた。長文であるので、少し簡略化して紹介しよう。

平成十四年一月十四日に都内で開かれたある成人式には、千人以上の新成人で一杯になった。その最前列で裕子さん（39）は、一人息子のケンジ君（19）がステージで自作の「二十歳の意見」という作文を読み上げるのを聞いた。裕子さんは十九歳でケンジ君を出産した。しかし翌年離婚し、調布市のアパートで母子の二人暮らしが始まった。養育費も慰謝料ももらわなかったので、ホステスをして暮らした。貯金はあっという間になくなった。ケンジが五歳の時、都心のマンションに引っ越し、夕方には歌舞伎町に出かけ、未明に帰宅した。ケンジはいつも布団の中で絵本を開いたまま眠っていたというのである。

中学二年の夏休みに、初めて警察から連絡があった。彼はわざと中学生に自転車をぶつけて、五千円を恐喝したが、警察に捕まった。署から出るとき、裕子さんは、「本当に相手が金を持って来ると思ったの？」ときくと、「うん、約束だもん」と答えたというから、この段階で「約束は守るもの」と信ずる心になっていたようである。

しかし父母の不在や、その生活のあり方で、ケンジは次第にワルになった。裕子さんは何度も呼び出され、やがて肝臓をこわし、病院通いをした。ホステスの仕事もできず、まさにドン底の生活である。平成十二年の七月には、五、六人の刑事が入って来た。そして刑事が読み上げる〝逮捕状〟を聞いた。凶悪事件だった。

一ヵ月後、霞が関の東京家裁で少年審判が開かれ、少年院行きとなった。出院したのは平成十三年の一月のこと。帰りの電車の中で、裕子さんは、

「『少年院まで行ってたのに、こんなに頑張ってすごい』ってあとで言われるようになろうよ」

と言って彼を励ましたというから、とても立派だ。ケンジは近所のガソリン・スタンドで働き始めた。二度と母を悲しませないと心に誓って、働き続けた。昔の不良仲間ともつき合わなかった。

平成十三年十一月、教育委員会から電話が入った。

「息子さんの作文が満場一致で入選したんです。成人の日に読んでいただきたい」

というのである。ケンジの悪い行いが皆に分かっちゃうけど、いいの？　ときくと、彼は、

「自分と同じ境遇の人たちに、ワルがカッコイイんじゃなくて、そこから立ち直ることがカッコイイって伝えたいんだ。こんな自分を温かく見守ってくれた人たちにも〝ありがとう〟と言いたい」

と答えた。

## ケンジの作文

さてそのケンジ君の入選した作文だが、これも長文だ。しかしできるだけ省略をひかえて、伝えたいと思う。

『ぼくは今、十九歳です。母がぼくを産んだ時と同じ年齢になりました。母は二十歳で離

婚し、夜、ホステスの仕事をしてぼくを育ててくれました。

二歳になったころ、母に連れられ、初めて江ノ島の海に行きました。当時は、泊まれるほどのお金もなく、母が作ったおにぎりを海の家で食べ、夕方になるころには小田急線に乗って帰ったそうです。

ぼくが海を見てとても喜んだらしく、母は毎年夏になると、ぼくを連れて海に行くことを楽しみにしていました。いつもの夜は母がいないのに、海に行くとずっと母と過ごすことができるので、夏の海は待ち遠しく、ぼくも楽しみでした。いつの間にか海の旅行は、二人きりの親子の約束のようになっていました。

十六歳と十八歳の時、海に行けませんでした。それは、ぼくが傷害事件で警察に捕まり、十六歳の時は鑑別所、十八歳の時は少年院で夏を過ごす事になったからです。以前のぼくは、バイクを盗んでは乗り回し、十四歳のころから母には警察に迎えに来てもらうようになっていました。

十八歳で二度目の鑑別所に入っている時、母が面会に来てくれました。その日はちょうど母の誕生日でした。でも花を贈ることも肩をもんであげることもできません。面会が始まる前、母が座るグリーンのイスの横に手紙を差し込みました。手紙すら手渡しできないみじめさを思いました。その時の手紙は、こんな内容でした。』

## たった一つのプレゼント

母の誕生日に、何もしてあげることのできない少年にくらべて、何でもしてあげられる少年少女は、どんなに幸せな境涯であることか。その時の彼の母への手紙は、〝たった一つのプレゼント〟だった。

『〈誕生日おめでとう。来年は絶対に一緒に過ごそうね。体、無理しないでね。本当にいつもゴメン。今度戻ったら、幸せに暮らそうね。これからもずっと元気でいて下さい。あなたは私の、世界で一番大切な人だから。ぼくは、あなたの子として生まれ、一度も不幸とか悲しいとか思ったことはないよ。本当に幸せだから。これからは、もっともっと幸せになろうね〉

母の三十八歳の誕生日に、ぼくができるたった一つのプレゼントでした。その手紙を母は今も大切にしてくれています。財布のお守りが入っているところに手紙も入れてあるそうです。それともう一つは、霞ヶ関駅の切符が入っているそうです。

二〇〇〇年八月の審判でぼくは、少年院に行くことに決定しました。少年院では、一日一日が終わるのをいつも努力して待ちました。ぼくが初めてした、努力の時間だったと思います。

ぼくの周りには数多くの心温かい人がいて、バカな事ばかりしてきたぼくを心から心配してくれました。三回もぼくを引き受けてくれた保護司の先生、少年院の運動会で大声で応援してくれたおばあちゃん、そして、どんな悪いことをしても、少年院に入っても、ぼくを産んだことを誇りに思っていると、いつも胸を張って言う母。

十代のぼくは、けんかして人を傷つけても、それが強さと勘違いしていました。本当の強さは、人を守れる事、何があっても守り抜いていく事と、今、心から思っています。思いやりとは、泣いている人の涙をふいてあげる事より、泣き顔を見ずにそっと背中をさすってあげる事だと思っています。つらかった時の自分も、周りの人の涙も決して無駄にしたくない。

ぼくは今、周りの人と同じように仕事をして、毎月二万円の貯金をして、ごく当たり前の生活を送っています。

ぼくの十代はきっと、大人になるための、人の気持ちを分かることができるための、苦しみ、つまずきの日々だったように思います。いつか自分が父親になった時、子どもを守り、子どもの気持ちを分かってあげられる親になりたいと思います。父親になった時、母の気持ちが今以上に分かるような気がします。

ぼくは、少年院から出て来てからためたお金で、母の日に黄色い自転車をプレゼントしました。とてもうれしそうにしている母の顔を見た時、人を幸せにすると自分も幸せな気持ちになる事に気付きました。人を悲しませれば、本当はその何十倍も自分が傷つき悲しむという事も分かりました。これからは、周りの人を幸せにできるような人になろうと思います。

いつか、子どもの手を引いて海に入る父親になった姿を母に見せよう。その時、母は砂浜で日傘を差して、ぼくたちをうれしそうに見ていると思います。

大切な人を守り、いつも愛情を持ち、お金や名誉よりも、もっと大切な何かを教えてくれた十代は、これからの人生の財産になるに違いありません。

ぼくは二十代の海に飛び込んでも、もう決しておぼれる事なく泳いでいきたい。母という浮輪を時々借りても、ぼくは頑張って泳いでいく。そして、もし、おぼれている人がいたら、今度は助けてあげられる大人になりたいと、今、心から思っています。(一部略)』

ケンジ君はたしかにとても有意義な成人式を行った。そしてこれは裕子さんにとっても、すばらしい成人式だったに違いない。何しろ彼女は、息子をつねに認めてあげ、誇りに思っていた人だからである。

# 2　今すべて有難う

## 出産の問題

人はみなすばらしい力を持っているのだが、現実にはその力は隠されているので、あたかもないかのようである。よく人は、

「私は無力です」とか、

「欠点だらけの人間です」

などと言うが、そうした姿を「自覚している」ところが、他の動物にはない、人間のすばらしさである。自分の欠点がわかるということは、それを補って余りある力があるということだ。本当に無力なら、そんなことが分かるはずがないからだ。

例えば山口県の阿知須《あじす》町大平山《おおひらやま》にある「松陰練成道場」*で、平成十二年八月二十八日前

後に行われた〝特別練成会〟*で、速司紀代子《はやしきよこ》さん（昭和十七年二月生まれ）は、次のような体験を話して下さった。彼女は正彦さんという男性と結婚した。それまでは「生長の家」のことはご存知なかったようだが、ご主人の両親（阿部要《かなめ》さんご夫妻）がとても熱心に「生長の家」を信仰しておられ、要さんは活動家でもあった。紀代子さんご夫婦は〝転勤族〟だったし、舅姑《しゅうとしゅうとめ》さんとは離れた生活をしていたので、姑さんがいつも普及誌*を送って下さっていた。

でもそのころの紀代子さんは、唯物《ゆいぶつ》的な考えを持っていて、目に見えない世界とか、非科学的なことは信じられない心境だったのである。だから姑さんが折角《せっかく》送って下さる普及誌でも、その内容を信ずることができなかった。ところがいよいよ紀代子さんがお産をすることになった時、最初の子供さんを流産した。次いで二番目の子を妊娠したので、産婦人科の病院に行くと、

「あなたはもう胎内で出血が始まっています。即入院ですね」

と言われ、そのまま入院した。そのお蔭《かげ》で、赤ちゃんのいのちは救われた。しかし出産までの過程で、色々と問題が起った。それは胎児がどうしても逆子《さかご》になってしまうのである。そこで医師の指導により〝逆子を治すための体操〟というのを行っていた。あまり心

配はしていなかったが、舅姑さんにとっては問題だったから、紀代子さんに〝逆らう心〟があるからそうなるのだろう、と教えて下さった。

## 逆子の専門家?

さらに又要さんは、紀代子さんの正常な姿を祈って下さっていた。そのような経緯《けいい》により、分娩の時は赤ちゃんは正常な位置で生まれたが、その時紀代子さんは、「祈りによって逆子が治った」などとは信じなかった。むしろ医師の指導による〝体操〟によって治ったのだと思っていたのである。

ところが彼女はさらに三人目を妊娠した。すると大出血が始まり、すぐ病院に運ばれ、一応赤ちゃんは出産することができた。しかしその時も、また逆子になってしまったのだ。おまけに真夜中の早産で、社宅中が大さわぎだった。当時正彦さんは宇部興産に勤めておられたのである。その夜救急車がかけつけてくれ、担当医も夜中に車を運転して社宅に来て下さり、助産婦さんも来て下さった。そのため社宅の多くの方々にも迷惑をかけてしまった。

こうして赤ちゃんはやっと出産できたが、首にへその緒《お》を巻きつけて、逆子で仮死状態だった。しかし多くの方々のご援助によって、赤ちゃんはやっと産声《うぶごえ》を上げ、救急車で病院に運ばれた。その夜ご主人は、明日は妻と子の葬式を出すのかな、と心配したそうである。

こんな経験をすると、さすがの紀代子さんも考え込まざるを得なくなった。もしかしたら「生長の家」で説いていることは、本当かも知れない……舅姑のおっしゃることも、本当かも知れないな……こうして彼女はやっと『生命の實相』を読み始め、いろいろと反省することができた。

するとその後、紀代子さんはさらに三人の子を妊娠したが、不思議なことにもう流産することはなくなり、逆子になることもなく、分娩時も安産することができたのである。こうして彼女は、「安産することのできる力」が、隠されていたし、〝逆子の専門家〟ではなかったことに気がついた。しかも見えない所に在《いま》す「神」の存在にも心が開いてきたのである。けれどもそれまでに「生長の家」を伝えて下さった夫のご両親は他界され、遠く離れて暮らしていたので、ご両親にご恩返しをすることも出来ないままになってしまった。

ことに紀代子さんには、ご両親から熱心に「生長の家」を伝えて頂いたにもかかわらず、存命中に信ずることが出来なかったことが、大きな心の傷となり、どうしたらご両親に喜んで頂くことが出来るだろうか——と考えるようになった。

そのような報恩《ほうおん》感謝の念も、また彼女に隠されていた心である。そこで彼女は、この「生長の家」を深く学び行うことが大切だと思いはじめ、昭和五十四年には正式に聖使命会*に入会し、誌友会にも通うようになった。

そのころ紀代子さんは五人の子供さんを抱えていたので、負《お》んぶに抱っこして手を引いて、という状態が永く続いたが、子供が成長して手が離れるにつれて、紀代子さんは白鳩会の誌友会や母親教室を手伝い、やがて自宅でもそのような会合を行うようになったのである。そんな愛他行《あいたぎょう》の結果、五人の子供さんは病気らしい病気もせず、すくすくと成長し、一番上の女の子が二十九歳（体験発表当時）で、末っ子は十八歳の大学生となり、ご主人は会社の定年退職後は工務店に勤務し、紀代子さん自身も地方講師となり、白鳩会の地区連会長として大いに活躍しておられる現状であった。

## 夢物語り

このようにして人々は、この「人生学校」という〝生涯学習〟の場で、色々の体験や助言を通して多くの教訓を学び、隠されていた力をどんどん発揮し、幸福な人生を歩んで行くことができるのである。しかしその途中には、失敗や蹉跌《さてつ》や、病苦やその他もろもろの困難があるかも知れないが、これらはすべて〝神の創造物〟ではなく、単に人々の心が仮に作り出した現象の出来事である。いわば〝夢物語り〟のようなものであって、覚《さ》めて見れば、一切の苦は「無」に外《ほか》ならない。「無力だ」と思ったのも「無」であり、本当は「無限力の持主」なる「神の子・人間」であったということを、次つぎに知らされて行くのだから、まことに有難い人生であると言わなければならない。

世の中にはまた自分の子供が〝不登校〟になったという人も沢山いるだろう。世界中を見渡すと、学校に行きたくても家が貧しくて行けないとか、学校そのものが整っていないから行くわけにいかないという人々も沢山いる。ところがそんな世の中にいて、親からも学校からも「来なさい、行きなさい」と言われても行かない子供が、どうして出てくるのだろうか……

平成十二年七月九日に、飛田給の本部練成道場特別練成会*で、中村礼子さん（昭和二十九年七月生まれ）が、次のような体験を話して下さったことがある（住所は茨城県結城郡八千代町菅谷《すがや》）。礼子さんは平成五年ごろ、彼女の両親と婿《むこ》養子のご主人の洋《ひろし》さんと、三人の子供達の七人家族だった。丁度《ちょうど》そのころ飛田給の練成道場に初めて来訪し、当時道場の総務だった故吉田武利講師に面会し、不登校をしている三人の子供の悩みを打ちあけ

た。すると吉田講師は礼子さんの肩に手をおいて、

「大丈夫だよ。きっとよくなるからね」

と励まして下さった。これはどんな人に対してでも言えることである。その理由は、悩み苦しみは全て「夢まぼろし」の如きもので、必ず消え去るからだ。本当の世界は「神の国」「仏の世界」であり、そこには何の悩みも苦しみもないからである。

以来礼子さんは生長の家の教えを聞くようになり、平成六年十月には入信して聖使命会員となり、「心の法則」や中心帰一の心がとても大切であることなどを知った。そしてある日ご主人と子供さん達との前で、両手をついておわびをした。するとそれ以来ご主人は、一家の中心者らしく頼り甲斐《がい》のある夫になり、子供たちも再び自信を回復して、学校に行くようになった。

つまりそれまでこの家庭では礼子さんの方が家つき娘で、ご主人を一家の中心者（即ちご主人）と認めていなかったようだ。するとこの世は「認めた通りが現れる」仮の世界、夢の世界、即ち〝現象界〟であるから、そのような姿が実現し、子供たちにも何らかの悩みや行き詰りが現れてくるのである。

## 無限の人生

こうして礼子さんが正しい信仰を持ち、家庭が明るく円満になるにつれて、長女も次女も平成十二年の春には無事高校を卒業した。ところが礼子さん自身の身体にいささか悩みが生じたのだ。入信当時から、彼女の左の胸には小さなしこりができていた。「乳ガンかも知れない」と思いつつも、『大調和の神示』*にあるように、全ての人や物に感謝できる自分になりたいと心掛けていた。どんなに仲の悪そうに見える父母にも、感謝しましょう。どんなに仕事を転々と変える頼りない夫にも、学校に行かずに寝ているような子供にも、心から感謝ができる自分になりたい——と思って努力していたが、やっと子供さんは良くなった。

しかし平成十一年の九月には、左の腕がパンパンにむくみ、左乳の下が潰瘍《かいよう》となり、出血しだしたのである。そのしこりが夜になると痛み、その痛みはとても激しかった。そこではじめて茨城の友愛記念病院に行って診《み》てもらうと、直ちに入院して手術しようと言われたのである。

一般的にいうと心が肉体や家庭環境に変化を及ぼすのには、ある程度の日数や年月がかかるものだ。それは植物の種子を播《ま》いても、芽を出し花を咲かせるには何ヵ月もかかるし、果実を結ぶのには何年もかかるだろう。そのように、心の変化もある年月を経て現象界にその姿を具体化するから、〝入信と同時にパッと変わる〟というわけには行かないものである。

だからなるべく人生の早期に正しい信仰を持ち、「天地一切のものに感謝する」生活をすることが最善の道である。しかし現実的には、一家の父母や祖父母さんなどが入信していない時には、子供のころから「生長の家」らしい生活をすることは中々難しいかも知れない。けれども人は、何らかの事件によって、真理を求めはじめ、遂には目に見えない実在界を教えられるといったコースを辿《たど》るものである。

それ故、人生の中年や晩年になってから入信する人も、これまた多数あるし、それも大変結構なことだ。何故《なぜ》なら「人生」はこの肉体の一代限りで終るのではなく、次生《じしょう》もあるし、後生《ごしょう》もあり、永遠に続く〝人生劇場〟のようなものだからである。たとい六十歳や七十歳以上になって信仰をもっても、又その苦境から脱却できないまま昇天したとしても、その入信には無限の価値があるのだ。何故なら、次の人生（次生）にはすでに信仰の種子が播かれた状態で生まれてくるから、それにふさわしい父母の許《もと》に、又ふさわしい国土や環境に生まれてくるように、「心の法則」が働いてくれるからである。

そのような理解ができるためには、人のいのちの「永遠性」が分からないといけない。「無限」の中にこそ「無限力」や「神性・仏性の開花」がありうるのである。この「無限」を「無」とも「空《くう》」とも呼ぶことがある。「無学」という言葉ですら、もはや学ぶこともないような「そのまま」の境地の表現である場合もある。

## 全てが有難い

そこで礼子さんの場合は、手術を受ける前に、先ず練成会に参加しようということになり、ご主人と共に飛田給道場の一般練成会に参加した。するとその十日間の間に礼子さんは、夫がもともとすばらしい「神の子」だったということに気が付いた。そして毎朝夫婦で〝笑いの練習〟をして、明るい感謝の生活をするようになった。

さらに続いて十一月、十二月と練成会に参加した。時には「練成会に行ったけれど、ちっとも良くならなかった」と言う人もいるが、病院に何年も通っても、治らないという人もいるし、何べんレッスンを受けても、まだうまく弾けないというような場合もある。それでも何回も通ったらよくなるようなこともあるだろう。練成会でも、何回来てもよいし、来れば来るほど、真理の深い所が分かるようになるものだ。昔から聖典類でも、「読書百遍意自《ひやっぺんいおのずか》ら通ず」と言われたものだ。

こうして礼子さん夫婦は、何回も練成会に通ったが、彼女の病状は逆に悪化したようだ。もう手術もできないというような段階に陥《おちい》った。そして「つくばメディカルセンター病院」では、「脚の骨にもリンパ腺にも転移している」と診断された。歩くのもやっとのガンの末期状態だった。しかし礼子さんは信仰心を失うことなく、完全円満な実在界を観る生活を行い、「唯神《ゆいしん》実相の世界」を説く講話に心を集中した。

そして彼女は母に感謝できていなかった自分自身を反省したのである。彼女の母はとても働き者であり、しっかり者で、父即ち夫を「尻の下に敷く」生活をしていた。そんな〝強い母〟は、礼子さんの子供たちが不登校だった時も、礼子さん夫婦を審《さば》いてばかりいたのである。その強くて冷たい母を、礼子さんもまた審いていた。しかし夫は決して「尻の下に敷くもの」ではない。何故なら座布団でも敷布団でもないからだ。

しかし礼子さんはこの母を審く自分自身を反省し、ただ一すじに神様を愛し、神様に導かれている自分の実相を信じ続ける道を歩んでいった。そしてついに、

「私って、何てすばらしい存在なんだろう。私って、最高に幸せだ！」

と思うようになり、

「もういつ死んでもいい。全てを神様におまかせ致します。今このままで、私はありがたい。そのありがたい私を育てて下さったのは、あの母だった。この母が悪役を演じて、きびしいことを言って下さったお蔭で、今の私がある。全てが必要だった。本当は愛ふかい母であった……」

と気付いたのである。つまり全てを肯定し、神に全托する気持になることができたのである。すると、それからは、毎日が嬉《うれ》しくて嬉しくてたまらず、母に、

「私を生んでくれて有難う。私は私が大好きです。お母さん、こんなに育てて下さって、有難うございます」

と伝えることができたのだった。するとますます毎日がうれしくて有難い。しかも脚の痛みがだんだんなくなって行き、いつの間にかしこりも消えた。潰瘍も癒《いや》されていったのである。こうして礼子さんは、ついにパン屋さんで朝の四時から八時まで働きはじめた。

子供さんたちも「生長の家」が大好きになった。練成会も大好きで、夫とも拝み合いの夫婦になることができた。これからも人類光明化運動に邁進《まいしん》しますと、本部練成道場で話されたのであった。平成十四年九月現在礼子さんは、埼玉教区で白鳩会の支部長をし、地方講師としても活躍しておられるということである。

＊松陰練成道場＝山口県吉敷郡阿知須町大平山一一三四にある、生長の家の練成道場。
＊〝特別練成会〟＝生長の家総裁・谷口清超先生ご指導のもとに行われる練成会。
＊普及誌＝生長の家の月刊誌。「白鳩」「光の泉」「理想世界」「理想世界ジュニア版」の四誌がある。
＊聖使命会＝生長の家の運動に共鳴して、月々一定額の献資をする人で構成する会。
＊飛田給の本部練成道場＝東京都調布市飛田給二―三―一にある、生長の家本部練成道場。
＊『大調和の神示』＝谷口雅春大聖師が昭和六年に霊感を得て書かれた言葉で、この神示の全文は『新編聖光録』または、『御守護　神示集』に収録されている。（日本教文社刊）

# 3　素晴らしい仕事のために

## 大切な道具

吾々は各種の道具を使って仕事をする。その道具が悪いと、中々良い仕事ができないものである。レンズにカビが生えたカメラでは、スッキリした写真は撮れないし、曲がったクギでは良い建物は作れないのだ。平成六年一月二十四日の『日本経済新聞』の夕刊に、「F1レースとピアノ」と題して、ピアニストの中村紘子さんがこんなコラムを書いておられた。

『ピアノの調律をチューニングと言うが、これは自動車のエンジン調整と同じ言葉で、そう言えばピアノと車、いや特にピアノコンサートとF1レースにはよく似たところがある。

たとえばごく普通に使われる家庭用のピアノの調律は半年から数年おき、ちょうどマイカーの整備や車検と同じ感じで行われるが、コンサートのためのピアノの調律となると全く変わる。その夜のコンサートに最大能力をひき出すための「ハイ・チューン」は、Ｆ１レースにおけるマシーン整備とよく似た高度で複雑な作業となるのだ。

御存知のように、Ｆ１レースにおいては、セナやプロストといった名ドライヴァーでも、その腕前だけでは成果はあがらない。むしろ名手になればなるほど、その高度な運転技術と個性をフルに発揮させるための緻密なマシーン整備が必要となってくる。その日走るコースの特質に合せた走行機能のセッティングから、天候に応じたタイヤの選定に至る複雑な総合的調整が要求されるのだ。

ピアノの場合も同じである。それぞれ響きの違う或るホールで、その夜選んだ或るプログラムの最善の演奏をするためにピアノの万全な調律を行う。実際、コンサートの始まる前の調律と「練習走行」の繰り返しによる音作りのプロセスが極めて重要で、この聴衆には見えない事前の準備の中にこそその夜の成果が隠されているのである。

もう二十年近い昔になるが、私はＮＨＫ交響楽団と某地方都市でラフマニノフのピアノ協奏曲を演奏した際、肩に肉ばなれを起してしまった。その夜のピアノが、古い上にメンテナンスがよくなされていなかったため、当日の限られた時間内には調整しきれないシロモノだった。そのピアノで私は、本番でついスタインウェイらしい響きを求めて頑張り、大袈裟《おおげさ》に言えばダンプカーでＦ１のヘアピンを廻ろうとして無理してしまったのである。

（後略）』

## 肉体と家庭と

ところで、吾々人間は肉体という道具を使って生活をし、仕事をしている。だから、肉体がボロボロになると、仕事もできなくなるし、家庭生活も困難になる。しかし多くの人々は、身体に悪いと言われる不摂生《ふせっせい》をやるし、酒やたばこを止《や》めようともせず、時には他人に「のめ、のめ」と強要したりするのである。これらは長い年月の間に、次第に肉体を傷つけ、各種の疾病《しっぺい》を助長する。とてもではないが、一流のスポーツマンや芸術家のような仕事はできない結果に陥《おちい》り、早々と「あの世にお引っ越し」という結果になるのである。その頃になって、やっと生長の家の練成道場に来られても、ご期待に応《こた》え切れないことがよくあるものだ。

しかしどんなに「手遅れ」になったようでも、決して捨て鉢《ばち》になったり、人生を投げ出したりしてはならない。たとえ肉体がどうあろうと、本当の人間は、肉体ではなく、それを道具として使う主人公〝いのち〟そのものであり、その〝いのち〟は不死不滅だということがよく分かると、この悟りによってこの世にも、またあの世にも大転換がおこるからである。

さらに又人間の〝道具〟となるものは、会社であったり、家庭であったりするだろう。良い会社に入っていると、かなり大きな仕事が出来るし、良い家庭で明るく暮らしていると、これまた優《すぐ》れた才能を発揮できるものである。だからかつてのように、肉体や家庭を無視して、仕事に執念《しゅうねん》を燃やしても、それはやがて「泡《あわ》のごとく、幻《まぼろし》の如く」消え去ることが多いのだ。

例えば、香川県三豊郡詫間《たくま》町に大森さん（仮名・昭和十三年生まれ）という方が住んでおられるが、次男のK君がまだ中学校二年の夏だった。学校からもって帰った答案用紙を二つ折れにして、父親がびんたを食《く》らわせた。その頃からK君は次第にあれ荒《すさ》んできた。やがて県立高校に入った二年生の夏から、全く手がつけられなくなり、二、三日の外泊が続いたかと思えば、どやどやと五、六人の男女を連れて帰ってくる。そして朝の三時、四時ごろまで騒ぎまわるのだ。いつも誰かが大声で長電話をかけているので、大森さん夫婦は一晩中気が休まらず、寝不足の日が続いた。

それでも妻は度々《たびたび》夫に向かい、「生長の家の先生に相談に行こう」と訴えるのだ。しかし彼はその度に、

「生長の家でこれが良くなるんだったら、何の苦労もないわい！」

と、妻を叱《しか》り付けていたのである。

## ブチ殺す？

やがてK君は、十日、二十日と続けて学校を休むようになり、バイクの衝突事故を何度も引き起こした。その度に警察から呼び出しがくる。やがて三年生ともなると、さらに凶暴性が加わってき、毎週のように妻を大声で脅《おど》し付ける。ある晩には、妻が寝間着姿のまま表に飛び出し、有りったけの大声で、「アーーーッ」と叫ぶのだった。夫は妻が気が狂ったかと思い、驚き慌《あわ》てる。そんなある日、大森さんは、風呂から上がって下着を着ようとしている奥さんの背中を見て、びっくりした。ゾッとしたと言った方がよいだろう。妻の背中から腰、脚にかけて、青と黒との痣《あざ》だらけだ。勿論《もちろん》、Kのふるった暴力のせいである。

「もう許せん！」

と思った。すぐさまKを呼び付けて、大声で叱った。すると彼は平然として、

「それが、どうしたんや」

とふて腐《くさ》れ、逆に父の胸倉を摑《つか》んで、暴力を振るう構えを見せるのだ。そしてその晩から毎晩のように、夜半寝ている父を起こして、

「おとう、表へ出て来い！　勝負せんか！」

と挑《いど》みかかる。堪《た》えに堪えていた大森さんは、ついに堪忍袋《かんにんぶくろ》の緒《お》を切って、妻にこういった。

「わしも色々考えたが、もう覚悟を決めた。今晩また起こしにきたら、Kをぶち殺すぞ」

すると泣きながら黙《だま》って聞いていた妻は、やがてこう言うのだった。

「お父さん、あしたの朝、私はKを連れて、この家を出て行きます。だからもうあの子とは闘《たたか》わんとって……」

それを聞いて、彼は愕然《がくぜん》とした。自分の苦しみをいやと言うほど知っている妻だから、きっと後ろから組みついて、息子の首でも絞めてくれるのかと思っていたら、「次男と家を出て行く」と言うではないか。これには驚き、たじろいだ。しかしその晩は朝まで、次男は父を起こしに来なかったのである。

次の朝、一睡もしなかった妻に、大森さんはこう言った。

「お前にはもう負けた。生長の家の先生に相談に行くなら、一緒に行こうか。その代り、やるんだったら、とことんまでやれよ」

するとの顔が急に輝き出した。そして二人そろって新名《しんみよう》シオエ講師のもとを訪れ、一部始終を打ち明けて相談した。じつは大森さんの母親がある宗教の会員だったために、仏壇も位牌《いはい》も焼かれてなくなってしまっていた。そこで早速、仏壇と先祖代々のお位牌をつくり直して、懇《ねんご》ろにお祭りをした。浄土宗の旦那寺《だんなでら》を訪ねて、供養《くよう》してもらったのである。

## 子の命を大切に

奥さんはそれから毎日、朝晩一時間ずつかけて『神想観』をし、『甘露の法雨』*を誦げることを熱心に実行しはじめた。しばしば生長の家の教化部にも訪れて、愛行も始めた。すると次第にK君の行動にも変化が出始めた。しかし三年の二学期末に大きな暴力事件をおこして、退学処分を受けた。それからの彼は、左官の見習いをしたり、土木工事をしたりして、いろんな仕事場を転々としたが、今までの友達とは波長が合わなくなって来たらしく、友達の顔触れがすっかり変わってしまったのである。

そんなある日、K君は急に「東京に行く」と言い出した。今までの泥沼からハッキリと決別したいと思ったからであろう。それから約二年の歳月が流れた。東京へ行ってから彼の選んだ会社は、工場から出す汚濁水《おだくすい》を浄化して放流する特許をもち、そのサービスを提供する会社だった。お盆になって郷里に帰って来た彼は、母親に冗談ぽくこう言った。

「母ちゃん、また何時《いつ》学校に行くか分からんけん、学生帽をおいとってよ」

大森さんは今、生長の家の教えをあくまでも実践しようと努め励んだこの奥さんに、心から感謝し、ぶち殺したいとまで思った息子さんが実は観世音菩薩《かんぜおんぼさつ》として、彼を生長の家に導いてくれたのだということを信じて、明るく楽しい公務員生活を送っておられるのである。大森さんは長男、長女、次男の三人の子宝に恵まれたが、その他に三人の水子さんがあったということを話しておられた。

この実例によっても明らかなように、家庭が破壊されては、とてもまともな仕事ができるものではないのである。しかもそれは形式だけの冷たい家庭ではなく、愛のこもった、あたたかい、正しい信仰の家庭でなくてはならない。つまり何よりも「命の貴さ」を自覚し、仕事や経済や、地位や体裁《ていさい》のために、「わが子を堕胎《だたい》して殺す」ような本末転倒をしないだけの信仰心がなければ、「家庭」が理想的な〝道具〟とはなり得ず、さらにまた殺人を追加する羽目《はめ》にまで追い込まれることもあることを知らなくてはならないのである。

それはこの現象界に「業《ごう》の法則」が働くからであり、子供の生まれ出ることを勝手に拒《こば》み殺しつつ、前後の子供から感謝や愛の言葉を期待するのは、「木に縁《よ》りて魚《うお》を求める」(孟子)ような結果になるからだ。しかしこの過《あやま》ちを自覚したならば、どんな場合にでも懺悔《ざんげ》して、失敗を挽回《ばんかい》する道は残されている。大森さんも「先祖供養」や「水子供養」によって迷妄《めいもう》の垢《あか》を徹底的に洗い流されたに違いない。するとある期間を経《へ》て奇跡的に「子供からの攻撃」が納《おさ》まるものである。

## 放ち去ること

どんな職業の人でも、その仕事を完全にやろうとすると、肉体や家庭を台なしにする方法ではなく、それらを同時に救う道を選ばなくてはならない。そうでないと、「神は何かを犠牲《ぎせい》にしなければ願いを聞き給わぬ」という〝迷信〟に陥るおそれがある。しかし神は全てのすべてであり、神以外に「悪」や「不幸」を創り給わないのであるから、神意《しんい》に従いさえすれば、「全てが叶う」はずであろう。今すぐ良くならなくても、何時か必ず大道が開け、光明燦然《さんぜん》たる「果報」が現れるのだ。そのためには、ときには「放行《ほうぎょう》」即《すなわ》ち「放ちさる」ことも必要である。

それを何時までも握り締めていることが、男の生きがいと思ったり、一意専心《いちいせんしん》と思い込むのは、「神に全托《ぜんたく》する」という信仰の極意《ごくい》を知らないものの頑張りであろう。政治の世界でも、お互いに自己主張のみをぶっつけ合っていたのでは、「難問」は解決せず、いたずらに「対決」が続くだけだ。政治家が仕事をするには、政党がその「家庭」のような役割を果たしてくれるが、この政党がゴタゴタしたり、連合政権でも意見が対立しあっていては、「良い仕事」ができるはずがない。

ところがかつての細川連立政権は、七つの政党の寄り合い所帯だったから、その基盤にたって総理を勤める細川さんは気の毒だ。それにしては、政治改革もどうやら通ったし、コメの部分自由化もパスさせたのは上出来の方であった。ところが税制改革で、直間比率《ちょっかん》の改正の点で結論を急ぎ過ぎ、政党のみならずマスコミからも反撃されたので、夜間発表した政府案を三十六時間で凍結した。これをこき下ろす人々やマスコミも沢山あり、国民の支持率も五〇％台に急落したが、つまらぬ意地にこだわらずに「君子豹変す」も、もし「神に全托す」となると、素晴らしい結果をもたらすのである。現在の政権でも同じことだ。

## 君子豹変す

政党のみならず、多くの人々が勤める会社も大切な仕事の「道具」であり「基盤」である。千葉市美浜区磯辺に住んでおられる渡辺廣光さん（昭和二十四年四月生まれ）は、昭和五十九年の暮れに、十一年間勤めた会社を辞《や》めて独立した。設計部門にいたので、ヴェンチャー・ビジネスに乗り出そうと、別会社を設立した。その根底には、もとの会社への不満もあり、仲間五人と一緒に仕事を始めた。工場のシステム・ラインの設計と製作をやる会社である。事務所と備品が整い、意気揚々《ようよう》と出発したのだ。

最初の半年は赤字を覚悟していたが、一年たっても軌道に乗らない。注文は少し来るが、小物ばかりで、あまり利益にならない。ついに会社を維持《いじ》できず、給料の支払いも滞《とどこお》りがちとなり、資本金を食いつぶすのだった。一年半たってもまだ軌道にのらないので、社員は次第に辞め始めた。

「明日になれば、大きな注文がくる」

と思ってみても、不安と焦《あせ》りで一杯だ。家に帰る渡辺さんの足取りは重く、途中橋の上に立ち止まり、飛び降り自殺を考える。だがもう一歩のところで、何度か思い止《とど》まった。そんなとき、秋田にいた弟さんが久しぶりに訪ねて来た。

「兄さん、面白い所へ行って来たよ」

と言う。何処《どこ》だときくと、

「飛田給にある生長の家の練成道場でね、朝から晩まで笑って暮らすんだよ。笑えば全てが良くなるんだそうだ」

「そんな馬鹿な」と、廣光さんは内心腹立たしかったが、「これがテキストだ」と手渡された『生命の實相』第一巻を見て、パラパラと捲《めく》っただけだった。しかしその後も会社は一向に好転せず、悶々《もんもん》の日々を送っていた。ある日フト書店に立ち寄ると、奥の棚の目の高さに、『生命の實相』全巻がずらっと並んでいたのだ。思わず第一巻の二、三ページを読んでみると、最後まで読んでみたくなり、第一巻を買って事務所に行き、夢中になって読み出した。

するとー語一語が心に染みとおる。「人間は神の子だ」「罪も悪もない」と書いてある言葉に引き付けられた。そして彼の心は現象の奥の実在世界を認めるように変わって来た。するとそれから一ヵ月後、彼が飛び出すようにして辞めたもとの会社の社長さんが訪ねて来て、

「君、これ以上傷口を広げるな。今だったら、うちへ帰って来い。後始末の面倒はみてあげるよ」

と、思いがけぬ恩情あふれる言葉をかけて下さった。こうして渡辺さんは、もとの会社に復帰して以来六年を経過し、「善一元、神の子・人間」の信仰を深めつつ、感謝の生活の明るい努力により、会社で最も力を入れているプロジェクト・チームのリーダーとして活躍しておられたのであった。

＊『甘露の法雨』＝宇宙の真理が分かりやすい言葉で書かれている、生長の家のお経。詳しくは、谷口清超著「『甘露の法雨』をよもう」参照。（日本教文社刊）

# 4　光のみを信じよう

## プラス思考

この人生には、色々の困難や難しい問題も出て来るが、その理由はこの世が〝迷い心〟によって作られている「仮相」であり、神のお造りになった世界、即ち「実相」ではないからである。「仮相」というのは丁度人間の作る〝芝居〟やドラマのようなものであって、その筋書きは、作者や演出家が勝手に作ったものだ。決して神様のご指導とか、神様の作品というわけではない。だから有名な〝源氏物語〟でも、光源氏《ひかるげんじ》は沢山の女性と関係を結んだような話になっている。

神様の作品ではないから、時にはこの世では女性にだらしのない男が現れて、数多くの外国人女性を誘い出して〝悪事〟を働き、現在裁判が進行中という事件も起った。これも神様とは無関係の出来事である。それよりずっと前から裁判続行中のオウムによるサリン事件でも、神様とは無関係で、神のみ心と何の関りもない蛮行《ばんこう》であり、迷い心の産物であった。

そこでこのような様々な悲劇を解消するためには、どうしても迷い心を正しい「神のみ心」に正す信仰が必要であり、この〝正信《しょうしん》〟を伝え弘めることが最大の課題となるのである。例えば平成十三年三月二十六日に行われた総本山での団体参拝練成会で、兵庫県芦屋市東山町に住んでおられる松永かおりさん（昭和三十五年十一月生まれ）は、次のような体験を話して下さった。

平成七年の七月に、アルバイト先の若い女性から『生命の實相』第七巻を渡された。それまでかおりさんは極端なプラス思考者で周囲の人々から理解されずに悩んでいた。そこでこの本を読むと、

「私を理解して下さる人は谷口雅春さんしかいない！」

と思ってすごく感動し、さそわれるままに誌友会に出席した。そしてこの誌友会で講師の方の気品あふれる美しさに先ず感動したというから、多分女性講師さんだったのであろう。とにかく彼女は生長の家の光明思想と、プラス思考によって固く結ばれた。そして、

「生長の家の講師になると、年齢不詳《ふしょう》で、こうも美しく歳を重ねることが出来るものか」

と感動し、その日から「私は講師になりたいです」と言い出した。すると、「先ず聖使命会に入会して下さい」と言われ、喜んで入会したのである。

## 人生勉強

当時かおりさんは大阪に住んでいて、母を亡くし、かおりさん自身も離婚していて、父と小学六年生の息子の領《さとる》君の三人で暮らしていた。普通は離婚して子供を抱え、実家の父と一緒に暮らしているという時には、とかく暗くなりがちなものだが、かおりさんは違っていた。しかも父はとても魅力的男性だったらしく、急に女の人ができて、

「実家を売って商売をするので、お前と子供とは出て行ってくれ」

と言われ、路頭《ろとう》に迷う寸前となったのである。しかしとにかく楽天的な女性だったから、あまり気にもとめず、誌友会に出席していた。すると彼女が聖使命会に入会した五日後に、急に知り合った島根の人から、ご自分の実家で庭つき一戸建て、四万五千円、家具電化製品付きを、管理をかねて「借りてほしい」と頼まれた。そしてこの持主の人はすぐ島根へ帰って行かれたのである。

このような幸運に恵まれるのも、明るい心と、信仰に生きようとするすばらしい心とが

作り出す人生ドラマの筋書きであって、不幸・災難・火事・親父を恨み憎んでいるような心では、とても描き出せない物語であろう。大体人生に於いて〝離婚する〟ということは、気落ちのする出来事だ。誰もそれを祝福するものではないだろう。だから結婚式はあっても、離婚式というのは聞いたことがない。それでも心が明るくプラス思考で、しかも神の全智全能を信じている人には、いつか幸運が引き寄せられてくるものである。

かおりさんも、これは決して偶然ではない、生長の家に入信したおかげだと思い、生長の家に夢中になり、すぐ「母親教室」のリーダーとなり、さらに支部長ともなり、地方講師の勉強会にも出席し、平成十年の四月には〝地方講師〟の辞令をもらったのである。その間にも数々の〝修羅場《しゆらば》〟を（と彼女はいうが）生長の家のみ教えと共に〝奇蹟の逆転勝利〟（同上）をおさめ続けたのであった。

## 生んでくれて、有難う

ところで平成十二年の十一月に兵庫教区の教化部から、「八祥《はつしよう》練成会＊に参加しませんか」との電話があった。丁度タイミングよく（とかおりさんはいう）十月に彼女の父が亡くなっていたので、これはよい機会だ、先祖供養もできると思い、八祥練成会に参加した。

すると教化部長の明るく楽しいお話を聞き、大いに感動して、先祖供養も、浄心行もすっかりすませてから生々《いきいき》として家に帰ってきた。するとかおりさんの顔を見て高校二年生になった息子さんが、

「おかあさん、十歳若返ったでぇ」

と言った。そこでかおりさんは、今後エステに行く代りに、練成会には毎月参加しようと心に決めた。さらに息子さんを十二月には、

「あんたな、兵庫県の知事さんの顔を知らんかったって、妹尾《せのお》教化部長の顔を知らんかったら、兵庫県人といわれへんで。あんた十七にもなって、彼女ができてないのは、浄心行ができてへんからや」

とおどして八祥練成会に連れて行った。するとそこで浄心行をうけた途端《とたん》に、この領《さとる》君は、

「おかあさん、生んでくれて、ありがとう」

とだきついて号泣した。かつてかおりさんは、この子を妊娠した時、生むかどうするかと迷ったことがあった。お金と顔に目がくらんで、ある男と付き合い、もうそろそろ別れようかな、と思っている矢先にできた子供だった。その妊娠にも気付かず、流産もせずにいつしかおなかがふくらみ、

「こんな生命力の強い子はいないな……これは神様が、私に育てなさいとあずけられたのかも知れない。この子を育てることによって、私は幸福になる気がする。この子はきっと福の神だ！」

ときめこんで、生む決心をした。その上やがてこの子の父となる男性と結婚することになったのだが、彼とはたった二年半で離婚した。その後も父の借金などのため二回も家を追われた。だから子供には一度も恵まれた環境を作ってあげたことがなかった。そこで中学二年生の時には不登校となり、その年の暮れには大根一本で一週間ぐらい生活するようになった。お正月間近になると、「大根の葉っぱだけで年を越すのはとても淋しいなあ」と言っていると、近所の人が、お節《せち》料理を持ってきて下さったことがあった。

そのお節料理を食べ終っても、まだ息子と二人で「お腹がへるな」と言っていた。そんな時、

「今度お腹がへったら、宇治の別格本山*でお雑煮を食べようや」

といって宇治の練成会へも行った。そして二人で十杯以上食べて帰ってきた。こんな生活の中でも、明るく、たのしく、歌ったり、踊ったりしているうちに、子供は自然に学校に行くようになった。そんな息子から、

「生んでくれて、ありがとう」

と泣いて感謝してくれたことは、かおりさんにとって何よりも嬉しく有難いことであった。しかも中学生のころは劣等生だった彼が高校二年では、微分《びぶん》の数学で学年トップの成績までとって来たのである。そして彼の「生んでくれて有難う」という感謝の言葉を聞いた時、かおりさんは別れた夫に、そしてその両親に、「こんなすばらしい子をありがとう」とお礼を言い、今までこの子を一人占めにしてごめんなさいという懺悔の気持で一杯となり、その後は毎日幸せを祈り、「聖経読誦」をし、「神想観」を怠らず続けていった。

すると今まで母が亡くなったのも、〝女ぐせの悪い父のせいだ〟と恨み続けていたのは間違いだった、そのままの父がいとおしく大好きになった。その父が亡くなる直前には、

「かおりにお礼を言っといてほしい」

と最後の言葉を告げて昇天された。このかおりさんは平成十三年三月の総本山での団参には領君と一緒に参加し、現在は地方講師、支部長さんとして活躍をしておられるのである。

## 六ヵ月の胎児

このように正しい信仰生活は、神の子・人間を信じ行ずるが故に、その実相が必ず現れて、あらゆる困難を解消すること、あたかも光が闇を消す如くである。それ故一見《いっけん》「とてもこれでは神が実在すると信ずるわけに行かない」と思われるような事態が起っても、決して表面の現象に心を奪われ、失望落胆の泥沼に沈んでしまってはならない。

かつて平成九年七月十九日の総本山での団体参拝練成会で、体験発表をされたＪさん（仮名）の事件を、私は平成十年の『理想世界ジュニア版*』八月号で紹介したことがあった。ＪさんのＨさんは、妻子のある男性との間に赤ちゃんができた。Ｈさんから、

「今妊娠六ヵ月だ」

と打ち明けられた話である。その荒筋《あらすじ》を記すと、娘が不倫の子を妊娠したと知った時の母親Ｊさんの驚きは大変なものだった。しかもＪさんは当時から地方講師、支部長、教化部職員としても活躍しておられたのだから、「もうこれでは教えを人に伝える資格はない」と思ったのである。

そこで教化部長さんなどに相談すると、そんな現象の出来事で神への信仰と伝道心を失ってはならない。苦しいだろうがさらに今の使命を続行するように、という教えと励ましを受けたのだ。どんな理由があるにしても、胎児も「神の子」であるから、堕胎しては

ならないと書いてある本（『ステキな生き方がある』*一六八頁）もよみ、彼女は尊いおなかの命を救おうと決心した。

さらに相手の男性の家庭を壊してはいけないと思い、娘さんには彼と別れる様にと説得した。しかし胎児は堕胎せよと、周囲の人々や、ことに男性の父母からも強くすすめられたのである。しかしいのちは絶対に守るべきだと思い、娘さんに出産するようにすすめた。そして娘が自分たち父母に先ず相談してくれたことに心から感謝した。もし親にも相談せず、相手の男性とのみで話し合ったり、相手の両親の言葉に従ったなら、幼い命は闇に葬られてしまったであろう。しかし娘のHさんも練成会や講習会*に参加していたので、命の尊さを知っていたから、一番よい道を選んでくれたと思い、彼女にも感謝して、Jさんの姉の家に娘さんを預かってもらい、さらに宇治別格本山練成道場の練成会にも参加させた。

こうしてJさんはご主人の協力を得て、相手の男性の両親とも面会し、赤ちゃんを生むことを説得し続け、その両親や息子との和解の祈りを実行していった。すると最初は無責任だった相手の両親も変化してきて、やがて、

「大事に生み育ててほしい」

と言ってくれるようになった。こうしてHさんは一月一日に無事女の子を安産することができ、Mさんと名づけた。そして出産一ヵ月半すぎに、Jさんのところへ娘さんから感謝の手紙と赤ちゃんの写真が届いた。この旨を相手の両親に告げると、両親は、以前おろすように要求して、苦しめたことを赦してほしいとおわびの言葉をもらったというのが、当時のJさんの発表のあらましであった。

## 善意の世界

ところがその後平成十三年四月八日にJさんから私あてに手紙が来て、その後の経過がくわしく書かれていたのである。

『(前略) その後孫 (手紙には実名だが仮にMとする) は、沢山の方々の愛をいっぱいいただいて、すくすくと健康に育ち、平成十三年一月一日には満四才になりました。娘 (H) もMが生きがいとなり、保育園に預けてパートで漬物の配達等をするようになりました。その時に大学を出て、農業の傍ら漬物を始めようと研修に来ていた青年 (Y) との出会いがありましたが、その後、(娘は) 以前勤めていた学習塾でパソコン教室が開かれる様になり、そちらへ仕事を変わり現在に至っております。その間、あちこちから子供といっしょにという縁談もいくつかあり、中でも生長の家の素晴らしい青年からもプロポーズされましたが、その御縁も結ばれず、私達夫婦はいつも気がかりでした。小学校へ入る様になればば父親のいない事に不審の念を持つようになるし、何とか、よい方に縁づいてくれたらと日々祈り続けておりました（中略）』

Hさんの出産前と後との一年半は、長女さんが一緒に生活して助けてくれ、次いで三女さんが一緒に生活して助けてくれたという。Jさん夫婦は四番目の子の長男さんと四人一緒にくらしていて、みな仲よく助け合っていて、この事件によってさらに家族の絆《きずな》が強くなったと喜んでおられる。ところがさらに、『三月三日、娘から主人のところへ電話があり、「Yさん（本名はふせる）という方が、Mもいっしょにもらって下さるというので、八日に両親のところへ挨拶に行きたい」との事で驚きました。よく娘に聞いてみると、三才も年下で、もうYさんの御両親とおじいさんおばあさんの了解も得られたという事で、五日にはMといっしょにあちらの家に行ってくるとの事でした（中略）』

そして帰ってきた娘さんに聞くと、Yさん宅は建ったばかりの大きな家で、おじいさんおばあさんをはじめ、御両親も、とても温かな雰囲気でうれしかったという。しかも三月八日の夕方には三人でJさんの家に来て下さった。

『本当に驚きました。一八〇センチ余の長身のハンサムで逞《たくま》しい青年です。少し落ち着いてから「すみませんが仏壇を参らせてもらえませんか」と言われるのです。家の方にそのように言われて来たとしても何と素直な青年であろうかと、そしてその様に御先祖を大切にしておられるお宅ならまちがいないと思いました』

さらにY青年が言うには、Hさんと Mちゃんに出会った時、二人を幸せにしてあげたいと、同情ではなくそう思った。しかし果して自分がMちゃんにとって良い父親になれるかどうか不安だったので、一年近く時々会いながら様子をみて、やっと自信が持てる気がしたので、両親に話をし、了解してもらうことができたというのである。

これをきいて、Jさんもご主人も、夢ではないかと疑って、ホッペタをつねった。五年前娘が妊娠し、それも相手とは不倫だったと知った時以来とても苦しんだ。何しろJさんは白鳩会の教区の副会長だったからだ。しかし幼い命を大切にすることが何より第一だと考え、夫もまた、

「命を生かすようにするんだから、必ず善い事になってくる」

といって、夫婦と娘は力を合わせて、その後は生長の家の信仰一筋に打ち込んだ。するとこのような青年が現れ、Yさんの父母も愛ふかく理解して下さる方々であった。お父さ

んは実直そのもの、お母さんは色白の美人で、笑顔をたやされない温かそうなお人柄であった。さらにそのおばあさんも「いい娘が、ひ孫まで連れて来てくれて」と喜ばれた。四月五日に相手のお家に訪ねると、新築したての家も立派で、四月二日にはもう入籍して下さっていたというのである。

まことに実相世界は完全円満であり、この世は人の心の作るドラマであり、しかも善因が善果をもたらす〝法則〟の支配する世界だということができるであろう。

＊八祥練成会＝神戸市中央区橘通二―三―一五にある、生長の家の教化部で行われる練成会。

＊宇治別格本山練成道場＝京都府宇治市宇治塔の川三二にある、生長の家の道場。生長の家の各種宗教行事が行われている。

＊『理想世界ジュニア版』＝生長の家の中・高生向けの月刊誌。

＊『ステキな生き方がある』＝谷口清超著。明るく、おおらかで堅固な信仰に立脚した女性達のステキな生き方を詳解した女性のための書。（日本教文社刊）

＊講習会＝生長の家の総裁、副総裁が直接指導する「生長の家講習会」のこと。現在は、谷口雅宣生長の家副総裁が直接指導に当たっている。

# III　家族――信仰と絆

# 1　花が咲くまで

## 時間がかかる

私は昨年来、少しばかり家事の手伝いをしだした。先ず朝食の時、食卓に二人分の必要なものを並べたり、ミルクをわかしたり、コーヒーを入れたりする。それから食パンを二人分焼くのだが、これはガスコンロの上に金網を置いて、その上で一切れずつ焼く。昔はトースターを使っていたが、どうも好ましく焼けないので、ついにガスコンロという古い手焼き方式をとり出した。これだとどんな大きさのパンでも、好きなように焼けるのである。だが時には失敗して、黒こげになったりする。その時はあとナイフで表面のコゲた部分を削り落す。裏返して又焼くのである。ミルクもガスで五十度に温めると、丁度飲み加減になる。その他の温野菜やサラダ類は家内が作ってくれる。こうして出来上がった朝食は、六時五十分ごろから準備し始めて、七時十五分ぐらいから食べることができる。つまり準備を始めてから二十五分ぐらい掛かるということだ。

それから夕食時になると、風呂の湯を入れて、四十二度か四十一度くらいにして入浴する。これも私が受け持つことにしたが、この入湯の準備にも二十分ぐらいは掛かる。さらに言い忘れたが、朝起きてから雨戸を開ける。私は四室ぐらいの雨戸を開けるから、これにもいくらかの時間がいる。パッとすぐ食べられるとか、入湯できるということはないものだ。

そのように、何をするにも、効果が出て目的を果すまでには「時間」が掛かる。植物の種子を播いても、芽が出るまでには時間や日数が掛かるだろう。それと同じように、神様を信仰しはじめても、すぐオカゲが出るとか、善い報いがパッと現れてくることは、まずナイと思ってもよい。しばらくの間は、以前の生活と同じような状態が続くことが多いものだ。夫婦仲がよくなって、子供が健康になるという場合も、「誌友会」に行ったその日からスグということではなく、「かえって変なことが起った」という場合もある。それは、信仰に入る以前に播いた種子が生えたのであって、「生長の家」を信仰しはじめたから悪くなったというのではない。

## 乳房の異状

例えば平成十三年九月二十六日に、総本山の「団体参拝練成会」で、こんな体験を話して下さった方があった。佐賀県のある町に住んでおられる看護婦さんだが、匿名をご希望なのでKさんとしておく。彼女は平成十三年の五月のある日身体に異状を感じた。お風呂に入ろうと思ったら、右の乳房から血が出たのだ。そこで早速医学書を読みあさり、「この症状からみると、ガンの中期ぐらいだろう」と推察した。そこで翌日、彼女の勤めている病院のドクターに相談したところ、すぐ〝九州がんセンター〟で受診するようにと言って紹介状を書いて下さった。

するとがんセンターでは丁度その日、〝乳腺外来日〟とか言って、乳ガン専門の外来日に当たっていた。Kさんのご主人が一緒に付いて来てあげると言われたが、彼女はそれを断《ことわ》って、友人に付いて来てもらった。その理由は、彼女の心が夫から離れていて、あまり仲好くなかったので、そのためにこんな病気になった、と直感していたからだ。つまり、彼女の発病の原因は、ずっと以前に種播かれていたということになるだろう。だから、『「生長の家」の教えの通り、自分で、いつかはこうなるかも知れないと思っていたので、心で思っていたことが、本当にそうなってしまったと思いました』

とKさんもおっしゃっていた。つまり彼女は以前誰かからすすめられて、既に「生長の家」の心の法則の話など聞いておられたのだろう。しかし「心の法則」とは、「そう思ったからそうなる」というだけではなく、夫婦が不和だったりすると、その心によって何らかの病変や不幸などが後になって出てくるという法則だ。つまり「物質の法則」と違い「心の法則」では、〝結果〟が〝原因〟の形（思い）とは違った〝象徴〟的な姿で現れるものである。

さてがんセンターでの診察の結果、やはり「右の乳房に腫瘍がある」という診断であった。普通乳ガンは乳房の上の方に出来るが、彼女の場合はそうではないから、「もし〝細胞診〟の結果が悪かったら、全乳房の摘出（全摘）となるかも知れません。だから一週間後にもう一度来て下さい」と言うことだった。

Kさんはその〝一週間〟をどうやってすごせばよいのか……と思いながら帰りの車の中では涙が流れて前方が見えないくらいだった。朝出発するとき見送ってくれた母や子供の顔が浮かんで来て、そのままでは家に帰れない。そこで「生長の家」を通じてよく知り合った吉村さんという人の家に車を走らせた。

するると吉村さんが、「今日からたしか練成会が始まっているから、そこに行けば何とかなる」と教えて下さった。そして教区の練成会に行っておられる斉藤講師会長さんに連絡して下さった。こうしてKさんは練成会に参加した。その時Kさんは、「自業自得で病気になった私を、皆さんがどうしてこんなに深切にして下さるのだろう」と思ったのであった。

## 父を憎む心

さらにこの練成会では、皆さんが手を合わせて「ありがとうございます」と言うではないか。Kさんはこれも不思議だった。しかし参加者の皆さんはみな温かい人たちで、そこに居るだけで救われたような気持になれた。そして個人指導を受けると、「自分が責められる」と思っていたのに、何一つ責められることもなく、

「乳の病気は、ただ父に感謝が足りなかったからですよ」

と言われた。

「父の愛情を求めていても、その求められなかったものを夫に求めて、それも求められなかった。それをさらに他人に求めたんじゃないか」

とも言われた。しかし父はもうこの世にいないから、どうやって父に感謝したらよいの

か分からない……

彼女の父は三年前に癌で亡くなっていた。彼女は幼いころから、父によく叩かれたり殴られたりして、ひどいことをされた。母ともよく喧嘩をした。そこで心のどこかで父を憎む気持があった。一番ショックだったのは、父から包丁を突きつけられた時だった。

さらにKさんの夫は、父が気に入ったといって連れて来て、婿養子にした人であった。当時Kさんは二十歳だったから、まだ結婚なんかしたくない気持でいた。けれども父が押し切って結婚した。しかも、夫婦の間で問題が起るごとに、父は彼女のせいにした。が今反省してみると、自分が父と夫とのよいパイプ役になれていなかったと思うのだ。当時は「どうして自分だけせめられるのか」と思って父に反撥したのである。

しかし生前には父を憎んでいたが、亡くなってからは、父への恨みはもう消えたつもりでいた。父が死ぬ前には、「病院には行きたくない」と言っていた。彼女も看護婦だったから、なるべく家で看病したいと思って家で看病した。だからもう憎しみはないと思っていたが、練成会での教化部長さんの話の中で、「罪とは包みであり、包みかくすこと」と言われ、「罪の中には口で言ったことや、心で思ったこと、行なったことがある」という話をされた。そして相手が亡くなってからも、まだ潜在意識の中でその人を審いたり憎んだりしているることがあるとも話されたのである。

その話を聞いて、Kさんはまるで目からウロコが落ちたような気持がした。でも父にどうやって感謝すればよいのだろう。そう思っているうちに〝祈り合いの神想観〟の時間になった。そこでは全く初めて会った人達が、彼女のために一所懸命祈って下さった。さらにその後で〝浄心行〟*があった。Kさんはそれまで三年間くらい「お父さん」という言葉を言ったことがなかったのに、その時、

「お父さん、お父さん、ごめんなさい、有難う……」

と、何回も何回も言葉に出した。すると「お父さん」というコトバがすごくなつかしく聞え、やさしかった時の父の顔が次つぎに現れ、彼女を支えてくれた周囲の人々の顔や練成会の方々の顔も浮かんできて、「ガンバレよ」と言ってくれているように感じたのである。

## 蒸発事件

さて練成会から帰ると、Kさんは愛行の仕事もした。彼女の友達の子供が学校で色々問題を起し悩んでいたので、その人を教化部にお連れしたのである。その時Kさんは心からその子が良くなればよいなと思った。こんな時彼女にそんな愛の思いがあったことが、K

さん自身の救いになったのである。

こうして一ヵ月後にがんセンターに診察に行くと、「ガンが小さくなっている。細胞診では出ていなかったが」と言われた。三ヵ月後にもう一度来てくれと言われたので、三ヵ月後の八月に受診すると、「もうエコーにも何も映らない」と診断されたのであった。このようにしてKさんの乳房の腫瘍は消えたのである。彼女は今、老人のデイ・ケアで働き、父にできなかった親孝行を、他の老人のお世話を通して一心にしようと決意しているという話であった。

このように一時は不幸な出来事が起ったと思われる時でも、心が変り憎しみや恨みの思いが消え去ると、その結果肉体の変化や環境の悩みが消え去ること、あたかも「光が闇を消す如く」である。即ち心の変化は〝潜在意識〟にも達し、その変化が全ての不幸の根源を切り崩すものだということが出来る。

さらに同月同日の「団体参拝練成会」で、北上《きたかみ》市上野町《まち》に住んでおられるのり子さん(仮名)(昭和八年七月生まれ)が、次のような体験を話して下さった。のり子さんは昭和五十五年の三月に、夫の兄から『白鳩』誌*をもらった。ご主人は修蔵さんといって夫婦で椎茸の栽培をしていたが、いつしか夫は借金をし出してサラ金にも手を出し、とうとう離婚届に名前を書き印を押したまま、黙って蒸発したのである。

そこでのり子さんも仕方なくその離婚届を出したが、当時子供が三人いた。長女、長男、次女で高校や中学などへ通っていた。土地や家など全部失ったので親子四人は市営住宅に移り住んだ。こうしてのり子さんがパートで働き子供達三人を育てることになったので、子供さんも新聞配達をして頑張ってくれた。こんな状態のある日子供を連れて実家の兄さんの所に行くと、兄は子供達にこう言って聞かせた。

「あなた達の父親は決して悪い父親ではない、すばらしい父親だったんでしょう。ただ社会的には、こういうことはよくないんだよ。だからお母さんを助けてあげてくれよ」と。

そこで子供達はまじめに高校を出て、全部就職することが出来、自動車免許も取り、自動車を買うことまでも全部自分でやるような良い子供に育った。その間のり子さんは一銭も出すことができなかったそうだ。しかし「生長の家」の信仰を持ったおかげで、うれしい、たのしい、有難いと思いつつ、前向きの明るい生活を続けることが出来た。そしていつも、

「過去はない。過去に引っかからず、これからどう生きるか」

を考えて、親孝行の子供達に囲まれ感謝の生活を続け、三人の子たちは今はみな半身を

もらうことが出来た。その結婚にものりかい子さんは一銭も出してあげなかったが、それぞれが皆自分たちの力で結婚式をあげたのである。

　そしてのりかい子さんはその間子供三人とその半身全てを聖使命会員にしてあげた。修蔵さんと自分も什一会員*に加入し、「幸せだ、幸せだ」と思い続けた。すると住宅も、中古の家が与えられ、市営住宅時代から続けた「誌友会」や「母親教室」をその後もずっと続けてこられたのであった。（息子さんの家で、今のりかい子さんは同居しておられるということだ）

## 芽を出し花が咲く

けれども居なくなったご主人のことを、フッと思い出すことがある。「こんなに幸せになったのに……」と思いながら毎年全国大会*には参加していた。行方不明になった夫の住所は分からなかった。どうしようかと思っている時、〝生存永代供養*〟があるということを聞き、平成十一年に宇治別格本山にそれを申し込み、〝讃嘆日記〟を書くことと陰膳を置くことを実行した。

　するとその後ある日どこからか荷物が送られて来た。のりかい子さんは不思議だなと思い、差出人の住所氏名を見ると、その名前が夫の名前と同じだ。永代供養を出してから三ヵ月のことだった。

「どうしよう！」

丁度その時嫁いだ娘さんが実家に来ていたので、

「じゃ、すぐお母さん、電話をかけてみたら？」

と言う。そこですぐ電話をかけると、そこに行方不明の修蔵さんがいた。電話の向こうの声を聞いて、のり子さんは嬉しくてたまらなかった。そしてただこの教えに従って生きて来たからだと思った。この教えでドン底から這いあがった。しかも子供たちはみなほめられるように成長した。「母親教室」では子供がほめられるのは父親の存在があるからよと教えられ、夫を恨むことなど絶対にできなかった。子供たちにも、父を恨む心はなかったようである。

こうして平成十一年に夫の居場所（アパート）が分かり、平成十二年の五月の全国大会の時、のり子さんはそのアパートに訪ねて行き、十六年ぶりに再会を果すことができた。するとお互いに「年をとった」と実感した。そして、子供たちには夫が立派に、ひとりで暮らしていましたと報告した。修蔵さんの部屋には神棚も仏壇らしいものもあり、毎日ごはんを上げてお参りしていたということである。のり子さんはますますありがたいと思った。何の恨みもなく、いやな引っかかりも何一つない心境だった。

「これからも、多くの方々に、このみ教えを伝えたいと思います」

と言って彼女は話を終えられたが、この世の中の人生苦を克服し、そしてさらに一そう幸せになる秘訣は、恨まず、憎まず、引っかからずということにあると思う。このためには、今目前にあるよいことや有難いことを感謝することが何よりも大切だ。悪いことや、苦しみに感謝するのではない。どんな不幸や災難や困難の中にも、必ずよいことがある。たとい発熱しても、それは治そうとする自然治癒力の働きである。痛みでもそうだし、腫れもそうだ。その見えない〝大自然〟の御働きを確信し、それを素直に感謝しながら、「神の子・人間」の教えや導きに従って行くと、やがて遅ればせに播いた種子でも、必ず芽を出し花を咲かせる時が来るものなのである。

＊〝浄心行〟＝心の中にある、憎しみや悲しみなどを紙に書き、それを生長の家のお経を読誦する中で、焼却し、心を浄める宗教行事。
＊『白鳩』誌＝生長の家の女性向けの月刊誌。

＊什一会員＝生長の家の運動に共鳴し、献資をする人たちの集まりである「聖使命会」の会員の一種で、月額千円以上を奉納する会員。
＊全国大会＝毎年五月初旬、東京・日本武道館で開かれる、生長の家全国大会。「相愛会・栄える会合同全国大会」「白鳩会全国大会」「青年会全国大会」の三大会がある。
＊生存永代供養＝生存している人に対して、真理の言葉を誦し続け、円満完全なるその人本来の姿が顕現するように祈願する供養。生長の家宇治別格本山で受付け、生存中は総本山で祈願され、他界後は宇治別格本山に移して永代供養を受ける制度。（本文二〇六頁参照）

# 2　幸運への道

## 作品の発表

われわれの人生には、実に多種多様な出来事が起る。まず誕生の日から始まって、入学式や卒業式がある。結婚式などはおめでたいことだが、離婚などはあまり好まれないから、式をやる人はほとんどいない。こうして遂に人生の卒業式である「死」を迎えるが、人生がこれで終った訳ではない。何故なら、人間は肉体ではなく、肉体は人間のいのちの使う一時的な道具にすぎないからである。

人は道具がダメになると、きっと新しい道具を使うだろう。それと同じように、生き通しの人のいのちは、次の人生で、又新しい道具を使いつつ末永く（永遠に）生き続けるのである。

「何のために？」

と聞くかも知れないが、永遠不滅のいのち（神の子とか仏という）のすばらしさ、無限力を表現するためにである。そして次第によりすばらしい作品を作り出し、現しだすのである。それは丁度、作家が芸術品や文章を作り、それを発表するようなものだ。事業家は仕事を通して、自己を表現する。教育者や政治家も、夫々《それぞれ》の仕事を立派なものにして行こうと努力する。そしてその努力の中に、何ともいえない表現の喜びを感ずるのである。

しかしその仕事は、いつも順潮というわけではなく、時には失敗したり、災害に見舞われたりして、挫折することもある。けれどもそれで失望落胆し、表現することを止めてしまってはならない。その失敗や挫折と見えることが、さらに人間に内在する無限力の開発や、次の人生での成功へと導いてくれる契機となるからである。

例えばインド哲学者の中村元《はじめ》博士は、大正元年（一九一二年）の生まれだったから、元と名付けられたのかも知れないが、博士はサンスクリットやパーリ語の仏教語の原典を研究され、その方面での権威者となられた人だが、惜しくも平成十一年十月に亡くなられた。その間大変な災難にもあわれて、『佛教語大辞典』という上下二巻の大作を発表された。その上巻の冒頭に、こう記されている。

『仏教語はなかなか難しくわかりにくいという歎《なげ》きを耳にする。専門家でもなかなかわからないので、だからこそ研究が必要とされるわけである。

仏教語を日本における万人共通のことばで表現できないものであろうか、——この疑問に答えるために、わたくしは第二次世界大戦直後に、研究室の若い学徒諸君の協力を得て、平安時代から江戸時代末期に至るまでの日本の典籍において、仏教語を平明に表現しようとした先人の努力のあとを集録・検討してみた。その成果は、昭和二十三年に謄写《とうしゃ》印刷のかたちで「佛教語邦譯《ほうやく》辞典」として刊行し、いまこの「佛教語大辞典」のうちに解釈例として収録されている。

続いて、現代の問題として、われわれが仏教語を理解し、平明に表現するためには、右の成果を発展させて新たな辞典を編纂《へんさん》する必要を感じ、ただちにその仕事に取りかかった。そして、昭和四十二年には、一応原稿をまとめたが、不慮の事件により、原稿が紛失・消滅してしまった。（中略）』

## 時間をひねりだす

どんな事件かというと、氏は一九六七年に二百字詰めの原稿用紙約四万枚の原稿を出版社に渡した。ところが区画整理で、その出版社が移転することになり、この移転のドサクサで、中村氏の原稿が紛失したのだ。多分紙くずと間違われたらしい。博士は祈りに祈ったが、遂に見つからなかった。苦心して書いた原稿の紛失は、作者にとっては大変苦痛なもので、あたかも肉体の一部をもぎ取られたような気持になるものである。

ところが中村博士は紛失してから七年たって、最初から改めて書き始めたというから、その立ち直りは見事なものであった。こうして曰く――

『その後、再編集を決意し、仕事に取りかかったが、途中で学園紛争その他の事件に出会って、なかなか進まず、ようやく八年目に完成し刊行されることになった。最初に着手したときから数えると、三十年たって日の目を見たのであるから、著者として深き感懐なきを得ない。

これはまったく多くの人々の協力・援助に成ったものである。その好意に対してこたえ得るものができたかどうか自信はないが、固有名詞をのぞく普通名詞に関する限り、内外の従前のどの辞典よりはるかに語数の多いものになったことだけは確かである。それは、原典及び実地踏査に基づいて語を新たに直接に採録したからである。また、できるだけ平明な、理解しやすい説明をしているという点では世間の期待に一応はこたえ得るかと思う。（後略）』

なお平成十一年十月十三日の『毎日新聞』の〝余録〟には、次のように中村博士の当時の消息を記してあった。

『（前略）75年に完成した「仏教語大辞典」は原稿用紙で旧稿のざっと3倍の13万枚、収録語数も3万語から4万5000語に増えた。「写経をして、仏典をもう一度読ませていただいたと思えば……。気の持ち方です」▲現在のようにパソコンに入れ、検索するのではなく、原稿用紙に書き、カードで整理するのだから大変だ。この間、中村さんは大抵の会合を欠席した。どうしても出席しなければならない会合は早めに失礼し、タクシーをとばして帰宅し、仕事にとりかかった。こうして30〜40分の時間をひねりだしたと中村さんは言っている▲自宅に書庫が三つ。足りないので、主宰する東方学院に持ち込み、「物置の中に住んでいる」ような暮らしを続けた。こうして中村さんは生涯をかけて、古代インドから日本に至る思想の流れを追った。洛子《らくこ》夫人には「暖をとるための紙くずだけは、書き損じの原稿で不自由させていないだろう」と、自慢していたという。』（註・中村元博士は、東大教授、東方学院院長など歴任し、学士院恩賜《おんし》賞を受賞された）

## 指を怪我した

あるいは又災害事件によって、その被害をうけたのが幸いしたという実例もある。平成十一年十月十七日の総本山の団体参拝練成会で、北海道三笠市唐松緑町に住んでおられる小川泰信《やすのぶ》さん（昭和三年九月生まれ）は、次のような話をされた。

昭和五十年十一月のころ、小川さんは北炭幌内《ほろない》炭坑で坑内電気の係員をしていたのであった。配下に電気屋さん六人を使っていた。ところが十一月二十三日に坑内を巡回して、ケーブルや電気機械などを検査していた。炭坑内の十八度くらい傾斜しているベルト車庫を巡回した時のこと、小川さんはつい足をすべらせた。床に炭塵《たんじん》が溜っていたせいだろう。転んだ拍子に、どこかを掴《つか》もうとして手を伸ばした。その時傍を走っていたベルト・コンベヤーの中に手が巻き込まれた。次の瞬間、反射的に手を引き抜き、五、六メートル離れてから手を見ると、軍手から血がベットリと出ていた。見ると左手の薬指の爪がわれて骨が出ているのだ。

そこで巡回を取りやめ、上司に連絡し、病院で治療をうけた。五針ほど縫ってくれた。炭塵をかぶるから毎日風呂に入らなくてはならない。で翌日からしばらくは仕事が出来ない。そこで、主任に「休ませてくれ」と頼んだが、人手が足りないので仕事の番割《ばんわ》りだけはしてくれという。そこで翌日から三番方《がた》に出て、六人の番割りだけして、小川さん自身は坑外で事務をとっていた。

するとと十一月三十日の夜の十二時近くになるとものすごい爆発音がした。「何事か」と思って、近くのボイラーの機械へ走って行くと、何事もなく運転している。さらに百メートルくらい離れた所にある圧搾機が五、六台ある部屋もどうもないのだ。次にブロアーの機械室に行くと、坑内のメタン・ガスの濃度が下がったので、一台とめたという。メタン・ガスは五％—一五％になるとものすごい爆発をする。

「これはきっと坑内の爆発だな」

と思ったのですぐ事務所に帰ると、

「全員退避！　全員退避！」

と叫んでいる。朝方には次から次へと怪我《けが》人が運ばれてきた。もし小川さんが怪我をせず元気であれば、当日も坑内に入っていたのだが、指の怪我のためにこの時は入らなかったから助かった。しかも彼が番割りをした電気屋さんも彼が不在のため、早く仕事を終えて坑内から出たので助かったという。結局この爆発事故で死者が二十三人出たという大事故だったのである。

## 運命の変化

小川さんは昭和四十年ごろから、母が聖使命会に入れておいて下さったが、活動を始めたのは平成二年からで、相愛会長*や地方講師となり、さらに平成九年まで講師会長を務められた人である。人の運命はほんのちょっとした事件によって、助かったり、死傷したりするが、いずれもその人の信仰心や心の明るさ、どれだけ善行を積んだかなどによって大いに変化する。それ故、一時的に怪我したり、失敗したりしたようであっても、基本的な信仰や信念さえ明るく愛他的であれば、必ず幸運に恵まれ、危急を脱出することもできるのである。

さらに又、次のような実例もある。平成十一年九月二十七日、同じく総本山の団体参拝練成会で、田窪《たくぼ》和夫さん（昭和八年三月生まれ・丸亀市本町在住）は事業上の体験を話して下さった。田窪さんは奥さんのキヨ子さんと共に家電の販売店を経営しておられるが、昭和四十三年に、これからは家電業界は大成長するというメーカー側の話から、大発展を目指して千三百万円の借金をし、五十坪の店舗を新築し、支店を出し、従業員を十名に増やして経営した。ところがうまく行かず、赤字経営が続いたのだった。

「これは大失敗をした」

と思って心を悩ましていた時、母のイトノさんから強くすすめられ、十月から宇治の練成会に参加した。さて練成会が終り、帰宅すると、母とキヨ子夫人を連れて早朝神想観に通った。すると徳積みの愛行が大切だという話を聞き、田窪さんは宇治の別格本山にご先祖を五柱《はしら》永代供養し、当時発行されていた『精神科学』誌*を百部注文して、年ぎめでナショナル加盟店に贈る手続きをした。別に百部を取り寄せて、母にたのんで愛行（知人にくばる）をしてもらった。

さらに又従業員と取引先の人を聖使命会員にし、和夫さん自身も真剣に『生命の實相』を読み始めた。するとその年の暮れになり、カラー・テレビが爆発的に売れるというので、ナショナルのテレビを五十台と別メーカーのテレビを五十台契約した。するとナショナルの方は売り切れたが、別メーカーの方は大量に売れ残った。そこでこのメーカーに返品をたのんだが、断られたのである。

ところが大阪の取引先の商社が田窪さんの店からそのテレビを引き取ってくれ、全ての商品を処理してくれたので、その危機を切りぬけることができた。

しかし支払いの時期が迫り、支払いがうまく出来るかどうかと心配していると、ある人の紹介でサンヨーの販売店が田窪さんの店からナショナルのものを現金で買い入れてくれて、うまく支払いができたのであった。

しかしその後何となく店内でトラブルが多くなり、非常に困る状態になった。従業員も、十人いたのが、次々に五人もやめた。仕方なく支店を引きあげたが、その上車の重大事故が起り、正面衝突で車がつぶれた。現場に行ってみると、人だかりの中で、店の従業員は無傷でポツンと立っていた。さらに又同じような大事故が起ったが、田窪さんの従業員は、これ又助かったのであった。

## どこがいけないのか

そこで田窪さんは、いたたまれなくなって再び宇治の練成会に行き、キヨ子さんも練成会に参加し、五人残った従業員全員も次々に宇治の練成会に参加させた。しかし決算すると店は三百万の赤字だった。彼は生長の家の教えはすばらしいと思うのだが、

「うちの店には合わないのかしら」

と考えた。

しかしそんなことはないのである。真理を行《ぎょう》ずる店が、つぶれたり、不幸になったりするはずはない。ただその〝やり方〟が問題であり、どこかに何らかの誤解があったりすることがあるだけである。

母は熱心に愛行してくれている。和夫さんはその母を悲しませてはいけないと思った。そこで早朝神想観の会に母と夫婦三人そろって出席していた。すると突然受持ちの講師さんが亡くなった。ああ、私の運命はこれまでか――と思ったというが、人間の肉体は誰でも死ぬものだ。「神想観」をしていても、死ぬものは死ぬ。しかし本当の人間は「神性《しんせい》・仏性《ぶっしょう》」であるから、死なないいのちなのである。

するとそのうち田窪さんの店に、ナショナルの販売会社の新任の森川常務さんが訪問して、

「この店はすばらしい」

と賛嘆して下さった。そこで田窪さんは店の実情を素直に告げると、常務さんは、

「大丈夫。本日開店したと思えばいい。借入金があり、利益の積み立てがなくて当り前でしょう。お得意先が一杯あり、ベテランの社員が五人もいる。本日開店した店では、これだけの準備は作れませんよ。〝今日から開店した〟と思って頑張って下さい」

と激励された。この明るいコトバは実にすばらしい。どんな事業家にも当てはまるし、「今を生きる」「日々新生する」という生長の家の教えにピッタリ合致しているのである。田窪さんは、目のウロコがパッととれたような気持になり、さらに心機一転して、飛田給や河口湖の練成会*に行った。

その後は一心に「神想観」を日々実行し続けたところ、翌年の決算では、前年の赤字は解消していた。「これはイケル」と思い、本部道場にも通い、真剣に明るく仕事に邁進したところ、翌年には六百万円の黒字が出た。そして税務署から三百万円あまりの〝納税通知書〟をうけとった。それを仏壇に供えて、ご祖先さまのみ霊《たま》に報告したが、感激の涙が出て止まらなくなり、お経が読めなくなったくらいだった。

このように〝納税〟が出来るということは、ありがたいことなのであって、多くの人々が納税を嫌悪したり、かくしたり、ゴマカしたりするのは、大変な間違った考え方なのである。田窪さん曰く、

「納税通知書が来て、あんなに嬉しかったのははじめてです」と。

そこで三百万円を銀行から借り、すぐ税務署に納入した。以後十年間のあいだに田窪さんの販売店は完全に立ち直り、さらに相愛会長ともなり、現在は総連会長もつとめられ、

地方講師としても活躍しておられる。母親のイトノさんは平成三年、和夫さんの腕にもたれながら、「もう用はすんだ」と言ってニコニコ笑いながら安楽往生されたということである。

＊相愛会長＝生長の家の男性のための組織の長。全国津々浦々で集会が持たれている。
＊『精神科学』誌＝現在の普及誌以前に発行されていた、生長の家の月刊誌の一つ。
＊河口湖の練成会＝山梨県南都留郡河口湖町船津五〇八八にある、生長の家富士河口湖練成道場で行われる練成会。

# 3　介護と信仰

## 家族の心

　最近は日本人の平均寿命も伸びて来た。しかも女性の寿命の方が男性よりも長いというのも世界的な傾向である。これは女性の出産育児等の使命にもよるが、同時に男性よりも摂生《せっせい》した生活を送る率が高いことを示しているのであろう。しかし同時に、この現象は老人が増え、若者が減って来ている実情とも関係があるから、老後の父や母、舅《しゅうと》姑《しゅうとめ》等を介護する人と期間が増えて来ている結果にもなる。

　人は誰でも年齢を重ねるにつれて、体力が衰えてくる。新陳代謝力も減少するから、色々の病気や怪我《けが》からの回復力も劣って来るのが普通である。こうして各種の老人病が現れ、そうなった患者さんを〝女性が介護する〟率が高まって来るのである。その老人が自分の父母であり、舅や姑である場合、これを家庭で世話したいと思い、又そうされたいと願うのは、当り前の人情だろう。しかも本当の介護は、やはり家庭内が最も望ましいという考え方が、専門家の間にも強まって来ているのである。

このような場合、一家の〝主婦〟の心構えが大きな関心事となるが、その信仰や物の考え方によって、介護される老人の健康や幸福感も非常に影響され、人生の晩年を幸せに送るか否かが左右されるものだ。そもそも人間の一生を支配するのは、その人の「心」であって、他人の心ではない。しかし家族ともなると、お互いに〝業〟が似通っていたから一家族となったので、心の傾向も似通っていて、誰か一人だけの責任というよりは、重なり合った責任現象が現れて来る。そこで、娘の心が父母に影響を与え、嫁の考え方や態度によって、舅姑が悦《よろこ》んだり苦しんだり、病気がよくなったり、悪くなったりすることも起るのである。

例えば食事一つとってみても、長年の間栄養分の偏《かたよ》った食事ばかりを摂《と》っていると、老年までには困難な病気に罹《かか》りやすいものだ。それは肉体は食事や運動等で新陳代謝して行くから、肉体構成の素材である〝食事〟に不足した成分があると、肉体にも欠陥が現れて来るからである。俗にあまり塩からいものや、甘すぎるものを与えてはいけないといわれるのもその一つだが、カルシウム分が不足すると骨の病気にかかったり、ビタミンやカリ成分の不足で失敗することもある。癌などは、心のがんこさにもよるが、発癌物質の入った食品を長年摂っていると、発病しやすくなる。発癌物質というと、何か特殊なものと思われやすいが、既製食品によく含まれる着色剤や防腐剤、漂白剤その他紙巻タバコなど、「本来の自然食品にない物質」が全て含まれるから、なるべく黄緑野菜や果物、ミルク、緑茶などをよくとり、偏った成分の食事にしない日常の心掛けが大切である。

## 先祖供養と団欒

次に家族や介護する人の心や信仰がどんなに大切であるかについて、年齢の順に三人の実例を考えてみようと思う。鹿児島県薩摩郡樋脇《ひわき》町塔之原に住んでいる松元紀《のり》子さん（昭和二十七年九月生まれ）には、松元相《あい》子さん（平成八年七十三歳）という姑さんがおられる。ところがこの相子さんは平成七年六月ごろから、脚や腰が〝火傷したように痛む〟病気に罹った。病院に入院したくても入院させてもらえず（多分ベッドが空かなかったのであろう）、最後には夜もねむれず、日々安定剤を用いるようになった。病院の医師は「あなたより重症の患者がいるんだから、もっと我慢しなさい」と言われるのだった。

紀子さんも姑の苦痛の訴え方はちょっと大袈裟《おおげさ》じゃないだろうかと思っていたが、あまり苦しそうで永びくので、遂に生長の家の講師の方に相談した。すると、

「先祖供養をしてみたら」

と教えて下さった。それまで紀子さんは主に亡くなった舅さんの霊牌を用意して供養していたが、さらにもっと熱心に聖経読誦をして御先祖の方々のお祀りと礼拝をするように努めた。すると数日たったころ、相子さんは昔の思い出を色々と話して下さった。姑さんが言うには、

「私は、海軍中将の娘として、とてもお嬢さん育ちだったが、こんな農家に嫁に来て、農作業するのが大変だった。鎌一つうまく握れなくて、苦労したのです。やっと子供二人を生んだけど、その後の子供も出来たけれど、育て切れなくて、流産してしまった。その後主人との生活もうまく行かなかったのです……」

そんな話を聞いて、姑さんもつらい時期があったのだなと心を打たれ、死んだ子供の名前を霊牌に書いて、姑さんと一緒に先祖供養を続けた。このような先祖供養をしながら、

「あなたたちは、生まれる前から〝光〟だったのです。今も無限の悦びの世界で、〝光〟となって輝いていらっしゃるのですよ」

と心から呼びかけて礼拝した。さらに紀子さん自身の魂に向かっても、そんな言葉を投げかけるお祈りをしていた。すると先祖供養の時間が、とても楽しくて有難い時間に感ぜられ、うれしくてたまらないような気持になった。こうしてフト気がつくと、姑さんが、もうリハビリに行かなくてもよい、楽になったといわれるようになり、平成七年の年末から年始にかけては、すっかり元気な健康状態になられた。毎朝、

「ごめん下さい」

と挨拶に行くと、『甘露の法雨』のテープをかけて、朝の礼拝をなさっているようになったということだ。さらに紀子さんは、子供が母のおなかに宿るのは、〝母の悦ぶ顔が見たいと思って宿るのだ〟と思えるようになったと話しておられたのである。

つまりこのような家族団欒《だんらん》の愛の交流が先祖供養になるのだということでもあるから、その心が家族に甦《よみがえ》ってくると、全ての人々の病や苦しみが消え去り、喜びと感謝の日々が訪れるのである。

紀子さんも昔は自分のいのちや人のいのちも素直に誉《ほ》められなかったので、いつも自分自身を咎《とが》めて、人や物や事に責め立てられているような気持で暮らしていた。しかし今はすっかり明るい心境になり、地方講師としても、又白鳩会の支部長としても活躍をしてお

られる状態である。

## 骨がスカスカになる

このように家族の誰かの病気や事故がきっかけで、その後の信仰がさらに深まり、すばらしい家庭生活や信仰活動が行えるようになるということが屢々《しばしば》起るものである。次に紹介するのは村川セツ子さんという七十八歳の方の骨粗鬆症《こつそしょう》の実例である。青森市駒込字蛍沢《こまごめあざほたるざわ》に住んでおられた山本千恵子さん（昭和二十年四月生まれ）は、セツ子さんの娘さんで、青森教区白鳩会の支部長であり、山本家に嫁いで来られた方だ。ところがセツ子さんは平成元年ごろから右半身、脚、腰、指、腕が自由に動かなくなったのである。お医者さんに行って診てもらうと、これは骨粗鬆症で、今の状態から良くはならず、悪くなることはあるのだと知らされた。

骨粗鬆症は老人になると、ことに女性に多く出て来る病気で、骨に含まれるカルシウムなどの無機物の量がひどく減ってきて、骨がスカスカになってしまう症状だ。丁度大根にす（鬆）が入るような現象だからこんな名前がついている。六十歳から七十歳以上の女性に多く、最近大いに注目されるようになっていて、X線や超音波で骨密度をしらべるようにもなって来ている。

　こうなるとセツ子さんは怒りっぽくなり、気が短くなったようで、家族も困るようになった。そこで千恵子さんは心配して、お母さんに練成会を受けてもらいたいと強く思った。セツ子さんはしっかりした御婦人で、宮城道雄氏の門下生であり、琴と三味線の先生をしていた。彼女には子供が三人生まれ、その一人が千恵子さんだが、セツ子さんは長男さん一家に同居しておられたこともあったし、別居しておられたこともあったようだ。しばらくの間、千恵子さんの家にも泊まっておられたが、その時青森教区で短期練成会があるという話を聞いたので、千恵子さんは母にそれを受けてもらいたいと思いついた。セツ子さんは千恵子さんが十年前から聖使命会に入れておかれたのだが、それまでほとんど信仰している様子ではなかったようだ。しかし身体が不自由になって来た平成七年には、千恵子さんのすすめによって、素直に生長の家の講習会にも行き、誌友会や短期練成会にも参加されるようになったのである。

## 素直になる

　ところがセツ子さんが長い間家を留守にしていたので、彼女の家の近所の人たちは、「とうとう村川さんは入院してしまったようだ。足を引きずって、苦しそうにしていたからな……」と話し合っていた。町内会の人から深切にも電話があり、

「何かあったら、お手伝いしますよ」

との申し出もあったそうだ。霊界に行かれた時を考えてのことらしいが、その間セツ子さんは短期練成会に出席しておられたのである。そして生長の家の浄心行や先祖供養や祈り合いの神想観などを体験したが、まだその時も足を引きずって、多くの方々のお世話を受ける状態だった。顔色も黒ずんでいて、生気がなかった。千恵子さんはその母の姿を見るのがいやで、大変心を痛めていた。

「親不孝というのはよく聞くが、子不孝というのもあるものだな」

と思ったそうだ。そう思っているから、お母さんも千恵子さんに「あんたは冷たいね」と不平をこぼされる始末だ。しかし世間の人は千恵子さんに「あんたは、やさしいね」と言われるので、本当はどっちだろうと考えたりしていた。

しかし練成会が進むにつれて、セツ子さんが変わって来たのである。顔色もよくなったし、正坐出来なかった脚が、ちゃんと正坐できるようになった。今まで動かなかった指も、全部動くようになった。まさに心の変化が、身体に現れて来たという外はないのであ

る。今までセツ子さんはペンを持つことが出来なかったのに、祈り合いの神想観の後で、自分の席に坐ると、自分の名前を原稿用紙の小さな枠にきっちりと書くことが出来た。それを見て本人も驚くし、周囲の人々もびっくりした。さらにセツ子さんは、すぐ立ち上がって、

「あっ、歩ける！」

と言って、足をパタパタさせた。さらに道場の中を走り出した。今までなら、トイレに行く時など這って行くこともあったのに、大変な変化だった。部屋の中には杖が七本もあったが、その杖がもういらなくなった。それまでのセツ子さんは子供にはまかせておけないという性分《しょうぶん》だったが、これも変わってきた。練成会が終って帰宅した時、子供たち(といっても大人)が集って相談し、長男さんが、

「お母さんさえよかったら、皆で一緒にすまないか」

と申し出ると、実に素直にその申し出をうけて「ではおねがいします」といわれるのであった。これはセツ子さんが無我の心境になられたばかりではなく、千恵子さんの心がとても素直になり、お母さんのすばらしい神性・仏性を心で観ることが出来るようになったことと深く関り合っている。このように年老いた人の骨の病気でも、心の変化やその正し

い信仰姿勢によって、すばらしい変化が起るものだということが出来るのである。

## 与える愛、放つ心

さらにもう一つ、より一層歳をとられた方のよく陥《おちい》る老人性痴呆《ちほう》症の場合を紹介しよう。愛知県豊橋市下地《しもじ》町豊岸《とよぎし》七八に住んでおられる小杉武《たけ》子さん（昭和四年十月生まれ）は、平成八年五月十八日に富士河口湖練成道場でこんな体験を話して下さった。武子さんは屢々この道場に来て練成を受けておられるが、そのきっかけは、約十六年前に大きな問題にぶつかって悩みに悩んだからであった。そして彼女はこの道場に救いを求めて参加した。すると今までの信仰は頭だけで理解した理屈の信仰であったと気が付いた。生活には一つも実践されていないと反省した。この十日間の練成で、彼女の心に突き刺さった言葉は、

「求める愛は、マイナスの人生。与える愛は、プラスの人生だ」

という楠本講師（現在は宇治別格本山の総務）の言葉だった。武子さんは昭和五十一年に入信し、その後色々と真理の書物を読み、生長の家の教えを知り「神の子・人間」を信じていたつもりだったが、愛については求める愛ばかりで、無条件に与え、〝ただ愛する〟

という愛の実行が行われていなかった、だからマイナスの人生になったのだと気付いたのである。

そこで日々神想観を行じ、富士河口湖道場の体験談集を、多くの人々に与えることを実行しはじめた。さらに凡ゆる愛行と伝道に努力した。そして彼女のお世話した〝おばあちゃん〟は、並のおばあちゃんではなく、特別の観世音菩薩様で、彼女の魂をすっかり磨いて下さった大恩人であったと気が付いたのである。

しかし昭和五十八年ごろから〝おばあちゃん〟の頭の老化が大いに進み、昭和六十一年ごろには、夜も昼もないようなすさまじい痴呆症を現し出した。武子さんは悩み苦しみ、

「神様、神様、人間神の子であるならば、おばあちゃんの心臓を動かしているのは、神様でありましょうか。神様、何を教えて下さるのですか。どうしたらいいんですか。もう私は参りました。どうなってもいいんです。……」

と泣き乍《なが》ら祈った。そして河口湖道場に神癒祈願*を申し込んだのである。毎月、毎月それを繰返した。以来八年間というもの、祈願を申し込み、祈り続けた。しかもその内容は、〝おばあちゃん〟の姿を治して下さいというのではなく、

「どうぞ神様、おばあちゃんが健康で、明るく楽しく、幸せな日々でありますように。ま

た神様の御心のままに、この〝人生学校〟を卒業させて頂きますように」

と祈ったのである。すると三、四年たつうちに、おばあちゃんはまるで仏様のように変わり、九十四歳の天寿をまっとうすることが出来たのであった。最期《さいご》はとても神々しいお顔で、安らかに霊界に旅立たれた。その二十日前には温泉にも行き、とても幸福そうで、健康そのものであったということだ。武子さんは、これも八年間祈り続けて下さった〝神癒祈願〟のおかげであると、この富士河口湖道場でお礼をのべられていたのである。さらに平成八年三月三日の愛知教区の講習会に、小杉さんの白鳩会支部では受講者を百七名も達成することが出来たということであった。

＊神癒祈願＝神の癒しによって、問題が解決するように祈ってもらうこと。生長の家本部、総本山、宇治別格本山、本部練成道場などで受付けている。

## 4　チャンスがやってくる

### 善行の事業

「神の国」というものは、誰一人見た人がいない。それは目でも見えず、耳でも聞こえず、手で触れることも出来ない「実在界」であり、「無限次元の世界」だからである。それでもアルと判るのは、人間が「神の子」であり、不死不滅のいのちを持ち、「仏」であり、「如来さま」だからである。そしてこの「神の国」には円もドルもポンドもない。戦争もなく、犯罪もない世界だ。

従って「金銭目的」でインチキをしたり、ワイロを受けたり贈ったりすることは、全く無意味である。もしそういうことをする人がいたら、その人はどんな有名人だろうが、実力政治家であろうが、「神の国」の実相をくらます行為をしたから、没落する。不幸になり、失敗し、苦しむのである。全ての人々は皆「苦」をきらい「楽」を求めているから、こういうバカゲた行為はやらないことである。では何をすべきかというと、

諸悪莫作《しょあくまくさ》
衆善奉行《しゅぜんぶぎょう》

即ち、「善いことをして、悪いことをしない」のが安楽と平安を得る大道である。この「善を行い悪をしない」ことが、この世に生をうけて第一に知るべきことであり、これが全ての正しい宗教の根本的教義である。それでは誰か悪いことをしている人を見つけて、その悪を攻撃し、相手をコテンパンにやっつけるのが善か――というと、それは本当の善ではない。「神の国」には、相手をやっつけるという行為や意志がないからである。悪は本来ないのであるから、悪を捜し出すより、〝ただ善を行うこと〟に熱中すべきなのである。

しかしこれは中々の難事業だ。というのは、この現象界には見たり聞いたりの五感的世界がチラツクから、それに引っかかって、本来の「神の国」の完全さを見失い勝ちだからである。そこで常に実在界を心で観る練習（神想観など）をすることが大切である。たとえ世の中が乱れ、戦争が起り、闘争の渦中にまきこまれていても、その中にいて「神の国」の実在を観る練習をするのである。これは老人のみならず若者にとって、とてもやり

甲斐のある〝大事業〟ではないだろうか。

## 父母を愛す

私は最近『世界の人生論』（角川書店版）第九巻に収められている『鉄鋼王カーネギー自伝』（坂西志保訳）を読んで、アンドリュー・カーネギーがどのようにして大富豪となり、大慈善事業家となり、この地上を去ったかを知ることができた。彼の幼少期に、貧しい父母の下で教育された彼の話を、平成十二年十一月の『白鳩』誌で一部紹介した。一口にいうと、父母の〝信仰〟がすばらしかったのである。しかも彼の父母は、常に善を行い、悪を斥けてくらした。その貧しいが正直な生活は、幼少の彼を適当に訓練してくれたのであった。

カーネギー一家は親子四人で、彼の八つ年下にトムという弟がいたが、スコットランドでの毛織業が行き詰まり、新大陸のアメリカに移住することになった。アンドリューはこう書いている。

『あの初期の苦しい生活を振り返って見て、私はこういうことができる。この国にあんなに高い誇りをもって生きていた家族はなかった、と。名誉を重んじ、独立心と自尊心は、家庭全体にみなぎっていた。低俗な卑しいこと、ごまかし、だらしなさ、奸策《かんさく》を弄《ろう》したり、人の噂をしたりするのは、私たちの間にはぜんぜん見られなかった。このような両親のもとに育ったトムと私は、まともな正しい社会人になるほか道がなかったのである。母はもちろんりっぱであったが、父もまた自然が稀《まれ》に生む高貴の人で、みんなに愛される聖人であった』（一七七頁―一七八頁）

「政治家は聖人君子でなくてよい」などという人もいるような国の政治と教育が、行き詰まるのは当り前であろう。こうして彼はまず父の働く綿織工場で、糸巻きの仕事を見つけてもらい、週一ドル二十セントを得るようになった。つらい仕事で、長い労働時間だったが、彼は家族のために貢献していることが慰《なぐさ》めだったと言うのだ。

やがて同じ町でボビン糸巻を作る人に雇われて、週給二ドルをかせぐようになった。つらい事があっても、

『私は希望を高くもって、毎日なにかよいことが起き、事情はかわるであろうと楽観していた。それがどんなことであるかはまったく見当がつかなかったが、ただ忠実に自分の仕事を続けていればたしかに来ると信じ込んでいた』（一七九頁）

というから、まさに光明思想の持主だったという外はない。

こうして信じた通り雇い主から「請求書をつくること」を頼まれ、勘定書を書くようにもなった。最初は単式簿記だったが、ピッツバーグ市の夜学に通って、複式簿記を学ぶという積極性を見せた。するとさらに一八五〇年の初期に、在米の叔父から電報配達夫の仕事を知らされ、週二ドル五十セントをかせぐようになった。このようにして幸運は父母に感謝し、明るく積極性のある人々に与えられるものだ。

## 積極的に働く

彼はこの新しい職場を「天国のようだ」と書いている。学ぶべきことが一杯あったからだ。『しかし、一つ心配なことがあった。それは電報を配達しなければならないたくさんの商社の住所を速くおぼえられないのではないかということであった。であるから、私はまず通りの片側の看板や標札を手帳に書きつけ、つぎに反対側のを書きとめた。夜、たくさんの商社を順ぐりに正しく口に出して読みあげ、暗唱するのであった。つぎに私は目をつぶって、商店街の下のほうからはじめて一軒ずつ順に名をあげ、それからまた頭の中で向こう側に渡って、同じようなことをするのであった』（一八四頁）

それから人を知り、商社の人々を知ることを志した。そして会社の偉い人に電報を手渡しすると、ほめてくれたのが嬉しかったそうである。このようにして楽しく働いた彼は、多くの友情を得、相棒と二人で東部から来る電報を受け持ち、東部電信会社の配達を週給二ドル五十セントでこなしたのだった。

明るく楽しく働いているうちに、一年ほどたつとジョン・P・グラスという主任が外出する時、彼に事務室の留守番をしてくれと頼むようになった。その留守の間に、彼はグラス主任の仕事をおぼえ、てきぱきとやりだした。客からの通信文を受けとり、電信室から来たものを配達少年に割り当てる仕事を憶えた。一方家族の間にはかくしごとがなかったという。

『私の両親は賢明で、なにも私にかくしておかなかった。毎週、父と母、それに私と三名の働いているものの収入を、私は知っていた。わずかばかりしかない家具や衣類を少しずつ買いたしてゆくのであるが、私たちはよく相談し、どんな小さなものであっても、私たちにとってはたいへん嬉しかった。これほど強固に団結していた家族はなかったであろう』（一八八頁）

さてある土曜日の夕方、グラス主任は配達少年たちを集めて月給を渡した。皆に十一ドル二十五セント支払ったあとで、彼一人をカウンターの中に入れ、月十三ドル五十セント支払うことにきめたと伝えてくれた。彼は目まいがした。お礼を言うのも忘れて、家へ走るというより飛んでいったというのだ。そして九歳の弟のトムと将来について語り合い「カーネギー兄弟商会」を作って実業界に乗り出し、父母を四頭立ての馬車にのせようなど と話し合ったのである。

彼はさらに努力し、勉強した。毎朝電信室の掃除をしなければならなかったので、少年たちは通信技手が来る前に、電信機で練習をした。こうして新しい機会をとらえて、前進し続けるのだ。するとある朝、ピッツバーグ局をしきりに呼んでいた。〝至急通信〟が入ったらしい。そこで彼はそれに答えてテープを流した。するとそれはフィラデルフィア局からのもので、「死亡通知」だった。彼はそれを受け取り、すぐ配達した。その後ブルックスという上司に報告すると、叱られずにかえって感謝された。しかもその後彼は時々通信機の番をさせられ、さらに電報の技術を習得したのであった。

しかもこの局にいた通信技手は怠けもので、とかく自分の仕事をカーネギーにまかせて、のんびりしていた。このような時、とかく人はこの怠け者を批難するが、彼は「ほんとうに運がよかった」と言って喜んでいる。しかも局の技手のマックリーンという人は、電信音を耳で聞いて直接内容を書いて伝えることができた。彼はこの方法をカーネギー少年に学ばせてくれたのである。こうしてアンドリューは紙と鉛筆をとって、耳で聞いた通信を直接書き止めたのだった。

## 父の旅立ちと失敗

やがてブルックスさんが彼を通信技師補に推薦してくれ、一躍月収二十五ドルの通信技手となり、配達夫の地位を卒業した。十七歳で一日一ドルの大人の仲間に加わったという訳だ。当時の電信はそれによって凡ゆるニュースが送られ、指令も電信で出されていたから、外国のニュースを先取りすることができた。さらに彼は新聞社にニュースの写しを送る仕事をうけもち、月収は三十ドルに上がり「将来の百万長者の基礎が芽ばえた」のである。又彼は父のことをこう書いている。

『私の父は、もっとも愛すべき人物のひとりであり、友だちには愛され、親しまれていた。どの宗派にも、どの教義にも所属しなかったが、まことに敬虔《けいけん》な人であった。世俗的にはあまりたいした人物ではなかったが、天国はこの人のために備えられてあったといってもよいであろう。親切そのもののような人であった。悲しいことには、これから少しひまができて、暮らしも楽になると私たちが考えていたのであるが、この西部の旅から帰っ

て来てからまもなく、世を去ることになってしまった』（一九六頁）
このようにして人は必ずこの世を去るが、次の世やさらに後の世で、善行と深切の報い（善果）を受け取るのである。一方その父や母を愛し尊敬する子供たちも、よい運命に出あうものだ。アンドリューはピッツバーグに帰ってきて、トーマス・スコットという天才的な人に出あった。スコットさんはペンシルヴァニア鉄道の監督として着任し、総務のロンバート氏と連絡をとるため、しばしばカーネギー少年の勤める事務所にやって来て、彼の仕事ぶりを見、自分の勤めている鉄道会社の事務所に勤めないかと勧《すす》めた。
その結果、カーネギー氏は一八五三年二月一日から、月収三十五ドルでスコットさんの事務員兼電信技手として採用されたのである。その時彼は十八歳だった。こうして鉄道界の大物であるロンバート氏にはじめて会った。ロンバート氏の家に招待された次の朝、彼はスコット氏に渡す多額の給料と小切手を預かって、ピッツバーグに帰って行った。彼は機関車に乗るのが好きだったので、この時も機関車に乗って帰っていった。すると途中の乗り換え駅で別の線に乗り換え、ふと〝給料の入った包み〟に手をやると、ナイではないか！　途中車でゆさぶられるうちに振り落したらしい。
これは大失敗だ。スコット氏の会社に渡す金だから、将来が破滅するかも知れない。そこで機関士に「車を逆行させてくれ」と頼んだ。現在ではこんな勝手な要求は通るはずもないが、開拓時代のアメリカでは、深切な機関士がいて、車を逆行させてくれた。『私は目を皿のようにして線路を見ていた。すると大きな渓流の河原に、流れから二、三尺離れたところに、その包みが落ちているではないか。私は自分の目を信じることができなかった。私は走って行き、拾いあげた。（中略）私がこの話を人に語ることができたのは数年後であった。かりにあの包みが二、三尺先に落ちたとしたら、流れてしまったであろう』（二〇〇頁）

## 心の法則

これは〝奇跡的な発見〟と言えるかも知れないが、すべては「原因・結果の法則」によるのであって、この「法則」を「因果律《いんがりつ》」とも言い、生長の家では「観世音菩薩《かんぜおんぼさつ》の妙智力《みょうちりき》」であるとも説かれている。別名を「心の法則」という。吾々の心が外界に現れて、吾々の心を反省させてくれ、救いの説法をなし給うのである。ではこの事件によってカーネギー青年は何を学んだか。曰く、

『この経験にかんがみて、青年が一つか二つ重大な誤りをおかしたとしても、私はけっし

て苛酷なことをしないよう自分を戒《いまし》めていた。私はいつもあの旅で、もしあの大事な包みが河原ではなく、流れの中に落ちてしまったらどんなことになったかを考えたからである。私は五十余年たった今日でも、あの場所にまっすぐ帰って行くことができる。そして、あの線を汽車で通過する時、いつも河原に落ちている茶色の包みをはっきりと目に浮かべるのである。そして「いいんだよ、君、神さまはおまえに味方してくださったのだ。だが、またやってはいけないよ」という声をきくのである』（二〇〇頁―二〇一頁）

と書いている。

人生そのものがこのようにして何をなし、何をなすべからざるかを教えてくれる「人生学校」である。従って凡ゆる所に「神の声」を聞くことができるが、それは常に「声なき声」である。この「声」を聞くには、〝練習〟が必要なことは言うまでもない。しかしこれは楽しく、又輝かしい練習であり、「神の子の特権」だということができるであろう。

こうしてとにかく当時のアメリカでは奴隷解放が叫ばれ、電信と鉄道とは限りなく発展して行ったのである。そこで鉄道会社は自前の電信線を建設するため、通信技手（今ではＩＴの専門家）を養成することになった。彼は電報配達の仲間だった友人を電信部に採用し、電気通信員として若い女性をはじめて採用した。しかも必要に応じて彼女らに責任をもたせた。彼はこう言う。

『若い女性は、男子青年よりも信頼がおけるということであった。女性が進出した新しい職場はたくさんあるが、その中でも最も女性に適しているものは電信事業であると思う。』と。（二〇二頁）

彼は又スコット氏を心から尊敬し、精魂を打ちこんで彼に仕えた。そしていつかこの人はペンシルヴァニア鉄道会社の総裁になるだろうと思ったが、それが後になって実現したのである。ことに青年期には、このようにして仕事に魂を打ちこみ、仕えることも大切である。何でも自分の好みや権利ばかりを主張するのでは、決して大成はしない。自己主張だけでは、やがて失意の人となり果てるだけであろう。

彼は又、ある朝事務所に行くと、東部管区に重大な列車事故があったことを知った。上り下りの貨物列車は皆止まっていた。急いでスコット氏をさがしてもみつからない。そこで一大決心をして、職を免《めん》ぜられるかも知れないし、法にふれるかも知れないが、とにかくスコット氏にかわって指令を出し、全線の列車を動かす決心をした。つまり緊急事態への対応だ。後刻スコット氏が事務所に着いた時には、万事順調に進行していた。彼はおずおずと、

『「スコットさん、あなたがどこにもみつかりませんので、今朝早く、あなたのお名前で指令を出したのです」』

といった。スコット氏は、

『「万事うまくいっているのかい。東部急行はいまどこにいるのか?」』（二〇四頁）

ときいた。彼がスコット氏に指令を全部見せて説明すると、スコット氏は一瞬じっとカーネギー青年を見ていたが、ひとこともいわず、その後も何も言わなかった。そしてその後のスコット氏は、毎朝、いつもより早く、規則的に出勤するようになったというのである。やはりここにも、「人生学校」の教訓があり、現象界は「心の法則」という観世音菩薩によって指導されている。この世には多くの過ちや違反もあるが、全ての人はこうして次第により完全円満な「神の国」へと導かれて行くのである。

アンドリュー・カーネギー氏はやがて鉄鋼業に乗り出し、さらに世界的大慈善活動家となって、アメリカ史上にその名を残したのであった。

# Ⅳ

# 夫婦——夫婦調和の道

# 1　夫婦調和の道

## 信仰と医療

最近は各種の医療や健康法が開発され、薬剤も沢山製造販売されているが、それと同じくらい病気の種類もふえ、難病や奇病も増大して来た。ことに癌にかかって悩む人々もふえ、その治療法も色々開発されているが、すべて完治するという所には到っていない現状である。このような時、宗教にたよったり、各種医療に救いを求めるだろうが、宗教団体にも色々あって、迷信と言ってよい奇怪で危険な行動や教えを説くものもいるし、医師や病院といっても、全ての医師が正しく治療してくれるとは限らないのである。平成七年三月にも人々を監禁したとか言って大がかりな強制捜査をうけた団体もあったし、医療行為についても同年の『文藝春秋』四月号にはＢクリニックという名前で癌治療に抗癌剤をでたらめに多用したという批判記事ものせられていた。筆者は近藤誠さんという慶応義塾大学の医学部講師である。

これは一口に宗教と言い病院と言っても、良いのもあるし悪いのもあることを現していて、その名称によって全てが〝悪〟というわけではなく、全て〝よし〟とする訳にも行かないのが現状であり、正義の味方である筈の弁護士さんでも「罪をまぬかれるためにウソをつく」ことを教えるような不正義の味方もいる。従って生長の家の信仰を持った方々も、「医者にかかったらいけない」と思って全てを排斥したり、「どんな医者でも正しい治療をしてくれる」と思い込み、そっち一辺倒《いっぺんとう》の「医薬信仰」に陥ったりしてはいけないのである。昭和五年に発表された神示に『生長の家の食事』*という一文があるが、「食事は自己に宿る神に供え物を献ずる最も厳粛な儀式である」と説かれていて、

『(前略)一椀《わん》を手にしては是《こ》れ今迄《いままで》過《あやま》ちて人に対して憎み怒りし自己の罪が神によって許されんがための供物《そなえもの》であると念《おも》いて食せよ。二椀を手にしては是れすべての人の罪が神によりて許されんがための供物であると念いて食せよ。三椀を手にしては是れ神の護《まも》りによりて自己が再び隣人を憎み怒るの罪を犯さざらんが為の供物であると念いて食せよ。而《しか》して一杯《いっぱい》の飲料を手にしてはすべての人の罪をこの水の如《ごと》く吾が心より洗い流して心にと

どめざらんがための象徴《しるし》と思いて飲め。若《も》し病人にして医薬を服用する者あらんにはそれを四口《よくち》に分けて飲み、この同じ想念をなして飲めば病《やまい》必ず速《すみやか》に癒《い》えるのである。すべての他の人の罪を恕《ゆる》すは、吾らの過《あやまち》をも亦《また》大生命なる神より恕されんがためである。若し吾等が心を閉じて他を恕さなければ、大生命の癒能《いやすちから》もまた閉ざされて吾等に流れ入ることは出来ないのである。（昭和五年十一月四日神示）』

とある。即ち、医薬は全てが悪である、使うなとは書かれていないのであり、「神から恕される」言いかえれば「神の御心に叶う生活をする」ことが何よりも大切だと説かれているのだ。

## あと三ヵ月のいのち

しかし人々は病気に罹ると、とかく癌なら癌だけを治そうとするが、その人間の生き方全体が愛ふかく義（真理）に叶った生き方になって行かないと、その心にふさわしい医院に迷い込んだり、迷信に引き込まれたりしてしまう。人はフトしたきっかけで、迷い心に引きずられて人生の迷路に踏み込むと、中々抜け出せず、折角の人生を台無しにしてしまうことがあるから、常に心して「神意」に照準を合わせる「神想観」を行い、父母に感謝し、夫婦調和し、明るい日々を送るように努めることが肝要である。

例えば鹿児島市東谷山一丁目に住む田之上サチさん（昭和二年五月生まれ）には、嘉与子《かよこ》さんという次女（平成七年三十六歳）がおられるが、結婚して後の、平成六年の八月のこと、

「お母さん、私ちょっと体調が悪いから、入院して来るからね」

と言うのである。

「何言ってんの。そんな元気そうな身体で」

ときくと、

「心配しなさんな」

と言い、軽い気持で鹿児島市立病院に出掛けて行った。すると五日後の診断の結果、担当医から「もう三ヵ月か六ヵ月のいのちである。その間娘さんを大事にして下さい」という子宮癌末期の宣告であった。それを聞いてサチさんは、頭のテッペンから足の先まで、血がスーッと下って全身がフラフラになった。あふれ出る涙をどうすることも出来ず、泣きながら帰宅したが、いつの間にか手には『甘露の法雨』をしっかりと握りしめていた。すぐ仏壇の前に行き、聖経を読誦した。田之上サチさんは平成五年に生長の家に入信した

が、御主人はそれよりずっと以前、嘉与子さんが生まれて二ヵ月の時昇天しておられた。サチさんは入信後間もなくのことでもあったので、もっと本当の生き方を知りたいと思い、翌日すぐ生長の家の教化部に行って早朝神想観の会に参加した。

さて神想観が終ったあとで、指導講師の先生に面会して、娘さんの病気の様子を話し、そんなわけで今日「神癒祈願に来ました」と告げた。「どうか娘の身体を救って下さい」と訴えると、先生はその間、

「うん、うん、そう、そうか……」

と聞いているだけ。サチさんが、何という頼りない返事だろうと思っていると、最後に、

「大丈夫ですよ。あなたの娘さんは神の子ですから、大丈夫です。百パーセント神様を信じて、全てを神様にお委せしなさい。娘さんは元気な身体で、きっと退院することが出来ますからね」

とおっしゃった。その言葉を聞いて、サチさんは真暗な世界に一条の光が射し込んだような気がした。ああ、神様、有難うございますと念じ、それからは一日に何回も『甘露の法雨』を読誦し、神に全托する信仰を深めて行くことにした。そしていよいよ娘さんが手術するという当日に担当の医師は、「だめだったら、手術のあとは、そのまま縫《ぬ》っておきま

すから」という予告をした。サチさんは手術の成功を信じ、一心に神想観をして成功を念じていた。

## 人生道場

やがて手術が終ると担当医師から、家族の人に来てくれという通達があった。早速サチさんが出掛けると、その先生は、

「不思議だなあ。奇蹟としか言いようがないなあ。あれだけレントゲン等全ての結果がだめだったのに、開いて見たら、全く転移はなく、たったこれだけしか腫瘍がなかったので、治療も出来るようだし、退院も出来るようになります」

とおっしゃるのであった。考えてみると、手術が実行されるまでの信仰を深め行く過程で、サチさんは、今迄自分が親不孝であったことを強く反省したのである。そして『甘露の法雨』の読誦や神想観の実修を継続したが、その間、わけもわからぬ涙が次から次へと流れ落ちた。その訳が分からないままに、さらに手術後も続けていると、フト気がついたのは、夫があまりに早く昇天されたので、夫の魂に対する供養がほとんど行われていなかった点である。そこで「夫を粗末にしていて申し訳なかった」と強く懺悔したのであった。

さらに娘さんに対しても、あなたに苦しい思いをさせたのは申し訳なかった、私の至らなかったせいであると、お詫びする気持になり、そのことを手紙に書いて娘さんに渡した。そして又その中に、あなたを生んで二ヵ月後に夫に死に別れてからは、自分が娘を育てるのだと思い込み、こうでなければならない、ああでなければいけないと、あなたを心で強く縛《しば》りつけ、理想的な娘の姿を追い求めていた。だからあなたはさぞ苦しい思いをしたことでしょう、赦《ゆる》して下さいという言葉が述べられていた。こうして現在嘉与子さんは元気になって退院しておられるという話であった。

このように癌の治癒という一事件を取ってみても、医者にかかるか、かからぬかなどという選択の問題ではなく、一家族がどのような生活をし、どのような人生観や生活態度で長年月くらして来たかというような人生体験全般に対する反省と、正しい信仰の深化が極めて大切であることが明らかである。その意味からしてこの人生はまことに貴重な人生道場であり、心の展開する人生ドラマでもあるということが出来る。従ってある一人の患者の病気や困難でも、その家族全体の心や生き方に強く関係しているのであるから、結婚している人々は、その相手の夫又は妻に、どのように愛ふかく心を込めて接するかということを真剣に考えて、明るく伸々《のびのび》とした「神の子・人間・不死・不滅」の信仰を堅持することが大切である。

## 夫婦別居する

さらに又、次のような実例もある。F市に住んでおられるTさん（大正十五年二月生まれ）は昭和五十四年三月から生長の家に入信された。そのころ彼女はとても苦しんでいた。というのは夫婦が不調和で、夫が暴力をふるうのだ。毎月の給料も〝交際費〟と称して水の流れるように消えて行った。当時はTさんも働いていたので、どうにか暮らして行くことは出来たが、仕事と家庭とのやりくりで身心ともに疲れ果てていたのである。

そこでTさんは、夫には価値感覚がないのだと思い、次第に夫を無視するようになった。すると高校生になっていた娘さんが登校拒否をやり始め、やがて家出や夜遊びなどの非行に走るようになった。これはすでに前にも述べた如く、夫婦不調和の家庭には屢々見られる現象であり、夫婦がいがみ合っていたのでは、その間に出来た子供にその心が投影され、非行や病気を現すのは当然とも言えるのである。しかも夫は不倫をしていた。だからTさんは将来が不安でたまらない。遂に離婚する外はないと思い出し、子供をつれて家を出た。

けれども子供とは不調和であり、非行少女でもあるから、決して楽にはならない。がTさんが生長の家に触れるようになってからは、今までの自分の生活が、夫に対してあまりにも愛が不足しており、子供をも自分の尺度で縛りすぎていたことを反省するようになった。娘さんも二十四歳の時には結婚して、一応環境は変わったが、その後の娘の歩んだ結婚生活は、両親の生活とそっくりそのままで、全く見ておれないくらいに乱れていた。その結果、娘さんは何回も自殺をしようとしたが、母親として「悪い見本」を示して来ただけに、何一つしてやることが出来ず、ただ悩み苦しむばかりであった。

けれども娘が最後の自殺を決行しようとした時、Tさんは彼女の手を取って、

「お母さんも生き甲斐がなくなった。あなたも生き甲斐がないと思っているでしょうが、あなた独りでは死なせない。お母さんと二人一緒に死にましょう。その代わり、最後に一つだけ私のお願いを聞いて、生長の家のゆにはの練成会*に行って頂戴……」

と涙ながらに頼んだのだ。すると娘さんはそれを聞いて、ゆには練成道場で行われた五日間の練成に参加してくれた。こうして各講師の講話の中で、人間が本来不死不滅であり、完全円満な「神の子」であり、悪い人や社会は本来ないのであるということを会得し、次第に明るい愛と感謝と笑いとを取り戻して行ったのである。

一方Tさんの御主人は不倫の生活をして妻とは別居していたが、後半には糖尿病がひどくなって肝臓癌になってしまった。糖尿病は血液中の糖分が体外に流れ出る病気だが、金銭の浪費と同じような心の具象化であり、自分の欲望に負けて大切な養分を外に流し出してしまう心を肉体に現すのである。夫は入院治療をし、万全の医療をつくしたが、Tさんは夫の見舞に行くことを拒絶されていた。だから終始どうすることも出来ず、ただ神癒祈願を申し込んだり、『甘露の法雨』を写経して夫に送ったりしたが、心と心とが離れ離れであり、且つ又夫は生長の家を嫌っていたから、その効果も上がらなかった。やはり信仰は当人がその気持になって行わなければ本物ではなく、他人や家族が強制的に信仰させるなどということの出来るものではないのである。

## 夫にお詫びした

しかしTさんは、生長の家を信じていたからどうしても夫と調和したいのだ。そこで夫にお詫びをしようと決意し、〝勇気〟を出してお詫びした。そして十四年間別居していた夫は、やがて死去された。その葬式の時、今まで恨み憎んでいた夫の〝彼女〟とも対面したが、Tさんは夫の柩《ひつぎ》の前で深く頭を下げて、

「永い間、お世話をして頂き、有難うございました」

と〝彼女〟にお礼を言った。しかも心からそう言えた自分が、何よりも嬉しかった。けれどもTさんは夫の死に顔と対面することは許されなかった。本家からはTさんが家を出たこと、夫を早く死に追いやったことを非難され、厳しく叱られた。そして家にもどるのには、けじめをつけて来い……というのであった。しかしTさんは本当に本家の言う通りだと思ったので、何一つ反発することもなく、ただおわびして、本家の兄さんの実相のすばらしさを礼拝することが出来る心境になっていったのである。

やがて三十五日の法要が終ると、彼女はやっと妻の座に復帰することができた。Tさんに何一つ、誰をも恨む気持は残っていなかったのは素晴らしいことであった。以来ひたすら夫の魂の冥福を祈る日々を送っていたが、ある日彼女のところへセコムの警備会社の人が訪れて、こんなことを言うのだ。

「奥さん、すみません、工事が遅くなりまして。実は今朝、お宅の主人が来られまして、〝早く家内のたのんだ工事をして下さい〟と言われました」

Tさんはとても驚いた。夫は死んでもう霊界に行っているから、セコムにもどこにも行く筈がない。それが「今朝ご主人が来た」とは何事だろうか。多分夢か幻かを見たのであろう。Tさんには生前夫から一度もやさしい言葉をかけられた記憶がないのに、「妻のためだ工事を早くやってくれ」と夢で言われたとは、何という思いやりのある夫になられたのであろうと思ったからだ。その嬉しさは、何ものにも替え難い喜びであった。当時Tさんはあるビルの管理を引きうけていたが、セコムに頼んでいた警備の設備が中々出来なかったのを、夫が夢で助けてくれたと感じたからである。

それ以来Tさんは、心から夫に感謝する気持になり、夫のいのちの生き通しであることを染々と実感することが出来た。そうなった時、自分の神性・仏性をも礼拝し讃嘆することが出来た。そこで早速鏡の前に行き、手を合わせて、自分自身の名を何回も唱え、「〇〇菩薩完全円満、完全円満……」と念じつつ泣いた。さらに御祖先に感謝し、永い間お経を誦げたのであった。

その後Tさんの家族はお互いに愛し合い、感謝し合い、天地万物に感謝する日々を送っておられ、Tさんは白鳩会の支部長として、又地区連合会会長としても「神の子・人間・不死・不滅」の真理を人々にお伝えすべく大活躍しておられるのである。Tさんには前述の娘さんと、さらにもう一人の息子さんがおられたが、この方は現在ドイツで銀行に勤めて活躍しているという話であった。

＊『生長の家の食事』＝谷口雅春大聖師が昭和五年十一月に霊感を得て書かれた言葉で、この神示の全文は『新編　聖光録』に収録されている。（日本教文社刊）

＊ゆにはの練成会＝福岡県太宰府市都府楼南五－一－一にある、生長の家ゆにはは練成道場で行われる練成会。

# 2　人生の主人公

## 誕生する喜び

人は誰でも、母親のおなかで何ヵ月か成長して、生まれてくるが、父も母もわが子の誕生を待ち望んでいるものである。そして生まれたての赤ちゃんを見て、一見元気そうだと、ホッと安心する。私たちが初めて子供の出産を迎えたのは、まだ私たちが若いころ（二十歳代）で、助産婦さんが自宅に来てくれて出産した。私も大抵現場にいて、早速赤ん坊の指の数を数えてみたりしたものである。指を開いてみても、何も持っていなかった。

そのように、一応普通の健康体らしい姿だと安心する。ところが中には生まれつき身体に故障のある赤ちゃんであるときは、気の毒だ。何とかして治してあげたいと思い、できるだけの手当をし、病院などのご厄介になるだろう。しかしひどい内臓の病気だと、手術も難しい。例えば平成十四年二月二十八日の『産経新聞』には、母と子の写真入りで、こんな記事がのせられていた。

『岡山大医学部（岡山市）は二十七日、心臓の大動脈などに珍しい異常を持って生まれた女児＝生後約一カ月＝の心臓手術に成功したと発表した。手術時の女児の体重は千二百七十グラムで、人工心肺装置をつけて行う本格的な心臓手術では、国内で最小の成功例という。

女児は一月二十日、倉敷市内の病院で双子の妹として誕生した。心雑音があることなどから検査を受け、大動脈の一部が切れたり、肺動脈とつながったりしていることが分かり、二月十一日に岡山大付属病院で手術を受けた。

新生児の本格的な心臓手術は全国で年間約四百例あるが、心肺装置のショックなどで約三分の一が死亡している。これまでの最小体重での成功例は、同病院が約五年前に行った千三百六十グラムだったという。

女児はこの日、同病院を退院＝写真。母親（三八）は「抱いて手がしびれたのがうれしい」と話した。』

これは医学の進歩のおかげであり、赤ちゃんを抱いて、手がしびれる喜びを語っておられたのである。こうした〝父母の喜び〟は、子供が成長し、小学校へ入学してもずっと続くことが望ましい。それには先ず健康であることも大切だが、子供の方でも、生まれたことに感謝していないと困るのだ。このごろは二十歳になると「成人式」というのを行うようになったが、それ以前に「二分の一成人式」というのまであるらしい。平成十四年二月二十六日の『毎日新聞』には、茨城県土浦市に住む坂本裕子さんの、次のような投書がのっていた。

『小学校の学期末のPTA家族参観に出席した。4年生は「2分の1成人式」を行った。10歳になった子供は、なるほど半分大人になったわけだ。

それぞれの夢や目標が書になり、体育館の両壁を飾った。きれいな「地球讃歌《さんか》」の合唱でまず胸がジーンとなった。一人ずつ舞台に立ち、乳幼児期の写真を大きくスライドで映しながら誓いの言葉を発表した。

多くの子供が両親への感謝の気持ちから、大人になったら恩返ししたいと述べ、将来の希望で結んだ。我が息子も私の家事や育児についての労に対してのお礼を言ってくれた。が、それよりも感謝しているのは「ボクを産んでくれたことです」のお礼の言葉に、やはり涙がこぼれた。

今の将来の夢が成人の時に変わっていようが、実現していまいが、そんなことは大したことではない。この全員の子供たちの純真さを信じ、そして、変わらないことを深く願う。』

## 立派な青年もいる

子供も十歳ぐらいだと、父母にお礼を言ってくれたり、「産んでくれてありがとう」などと感謝するようなコトバも出て、父母も喜んでくれるが、この気持が二十歳から三十歳になっても続くようになると、きっといいことばかりが出てくる、気持のよい社会になるに違いないのである。

ところがいつしか我侭《わがまま》な気分になり、食事の文句を言ったり、「ケータイを買ってくれ」などと言い出したりして、家庭内がゴタゴタしだすと、毎日の生活が面白くなくなってしまい、親も子もユーウツになる。これは物資や食料が不足したからではなく、かえって便利になり贅沢になったからでもある。今の学校給食にしても、果して「感謝して」食べているだろうか。平成十四年二月二十六日の『毎日新聞』の〝女の気持ち〟というコラムには、こんな記事がのっていた。

『「ランチルームにて」（16日付）の通り、給食は時代とともに変わってきましたね。私の娘も、自分の子どもの給食献立表を見て「私の時より、ごちそう」なんて言っています。

私にも思い出があります。戦時中の昭和19年4月、私が小6の時に学校給食が始まりました。校舎の中に炊事場が用意され、五右衛門風呂のような大きな釜でお米が炊かれ、みそ汁がつくられ、それらを木の桶《おけ》に入れて、用務員さんが各教室に運んでくれました。

生徒は、自宅からお弁当箱とみそ汁を入れるお椀《わん》とお箸《はし》を持参し、ごはんは量が均等になるようにと、先生が一度、小さなどんぶりでよそってからそれぞれのお弁当箱に盛りつけます。6年生の女子は、2人1組になって低学年の教室にお手伝いに入り、木の杓子《しゃくし》でみそ汁をよそいました。この給食を当時の私たち学童はありがたくいただき、「子どもだけでもお米が食べられる」と私の母も喜んでいました。

その年の夏、宮城県に疎開することになり、お釜も一緒に疎開地へ。そこでまた私たちのために働いてくれたのでした。米1に対し麦が9と、中身は大分、変わりましたが。

あの時、今のような飽食の時代が来るなぞ誰に想像できたでしょう。だから私は、けちんぼうと言われても、物が粗末にできないのでしょうね。

東京都練馬区　東川　豊子　主婦・69歳』

このような貧しい時代もあったということを知らない現代の若者は、親を「ケチ」とののしる前に、流行や物の量や質に引きずられないような「自主的な心」つまり「本当の心」を取りもどす必要がある。そうでないと、いくら物質や金銭にめぐまれても、いつまでも「足らん、足らん」といった不平不満で生活し、不幸になる外はなくなるのだ。しかし一方、こんなすばらしい高校生もいるぞという記事が見つかった。平成十四年二月二十四日の『読売新聞』にのった、東京都昭島市の原田竹次さんの投書だが、

『その日の夕方、駅の自動切符売り場は長蛇の列だった。競輪が終わって、帰りの客がどっと並んだのだ。

あと二人で私の番が来る。その時、後方から婦人が走ってきて、先頭の女子高生に「この電車に乗らないと都合が悪いので、すみませんが私の切符も買ってくれませんか」と言う。

彼女は一瞬考えたようだったが、「いいわ、ここへ入って」と笑顔で言い、自分はそのまま列を離れて後方へ向かった。

婦人はすまなそうにしながらも、後ろ姿に丁寧に頭を下げ、切符を買った。

だれもが帰りを急ぐ夕方の駅での高校生のこのゆとり。混雑した駅にパッと咲いた一輪の花のようで、公衆道徳を教えられた。』

このように、急ぐ人に順番をゆずってあげる心は、とても美しい行為である。しかも自分が列の最後について、次々に待っている人の順序や時間を狂わさないという所が立派である。ただ自分の前にその人を入れてあげるだけではないのだから、まさに〝正義の味方〟であり、愛行の実践者だということができる。

愛行というと、何でも信仰を伝えることだと思っていると、そうでもないことがある。それも大切だが、このように行動で示すのも大切だ。この女子高生がどんな信仰の持主か知らないが、少なくとも父母からか先生らしい人から教えられて、このような愛深い娘さんに育ったのに違いない。このような若者が次々にふえてきて、大人たちを〝感心させる〟ようになると、もうこの国や社会の行く末は全く安心できる。しかも全ての若者には、このような心の力が内在している。何故なら人間は本来「神の子」であり「仏さま」だからである。

## 愛を求めて

しかし、〝人間は動物である〟というだけの考え方や、勝手気侭な自由や平等のみを主張する心でいると、とかく〝自己主張〟する権利だけがのさばり出る。ことに両親の〝愛の不足〟を感ずると、外に求めてばかりいて、「与える喜び」を知らないままにすごしてしまう。例えば平成十四年一月十九日に行われたある「特別練成会」で、Mさん（匿名希望の女性）が、こんな体験を話して下さったことがある。

Mさんは中学校時代に家出や非行を繰り返し、中学生時代の半分を教護院という施設ですごした。その原因となったのは、当時共働きをしていた両親のため、家庭が寂しかったせいだという。しかし彼女は一人っ子ではなく、三人兄弟だった。Mさんは毎日不良仲間と遊び回り、やがて学校にも行かなくなり、家出してシンナーを吸ったり、〝かつあげ〟をしたり、万引なども〝朝めし前〟といった状態で、

「生活に必要なものは、買うものではなく、盗《と》ってくるものだ」

と思っていたというから、ひどい状態である。人にとってお金や物質は、時によると「愛情」の不足を補う〝道具〟として使われるから、Mさんはよほど寂しかったのだろう。こうして男友達が盗んできた車に乗って遊び回り、警察にも追いかけ回された。つかまりそうになると、車を捨て走って逃げて、とうとう捕まるといった有様だった。

しかしまだ何の反省もなく、友達との別れぎわには、又次の家出の計画を立てるという状態だ。両親もしきりに叱ったり言い聞かせたりしてくれるのだが、そのころの彼女には

全く通じなかった。

やがて学校を卒業すると、働くと言い張って就職した。するとすぐ八歳年上の今の夫と知り合い、十六歳で長女を妊娠して結婚したのである。ダタイという〝殺人〟をおかさなかったので、この点はよかったと言えるだろう。現在（平成十四年）この長女さんは十八歳になった。

Mさんの夫はとてもやさしい人で、現在運送業をしておられるが、結婚当時のMさんは、夫のいやな所ばかりが目につき、「別れたい」と思うようになった。しかし夫は「絶対に別れない」と主張し、そのうちMさんは次女、三女と生み、別れる思いを取りやめた。そして長女さんの小学校の役員を受けもった。それが縁となり「生長の家」の人と一緒にクラスの役員をして、「生長の家」のことを知るようになったのである。

とにかくこの人生では「何を信ずるか」ということが一番大切で、その〝信仰〟が人生そのものを作り上げる。宗教の中にはインチキくさいのもあるし、唯物論も一種の物質信仰だが、そうではなく、「人間は神の子であり、神性・仏性そのものだ」という絶対善の純粋な唯神実相の信仰こそが大切なのである。

こうしてMさんは無痛分娩のことを書いた本をもらったり、「生長の家」の普及誌をもらったりし、やがて早朝神想観の会に連れて行ってもらって、「神の子・人間」の中味を色々と教えられ、講習会にも参加するようになった。

## 与える喜び

そのうちMさんは四人目の長男を出産した。彼女の心が変わり、悪なし罪なしの信仰が深まるにつれて、可愛い子供たちに囲まれた幸せと、「生長の家」を知った喜びとで、とても満たされた心になり、ある日彼女は夫にこう言ったのである。

「おとうさん、私は何にも欲しいものはない。家族みんなの幸せが、私の幸せだよ」と。

すると夫からは、こんな言葉が返ってきた。

「おれは、幸せじゃない」

Mさんの夫はMさんの父と二人で仕事をしていた。そこで夫は妻の父への気づかいと仕事の忙しさとで、かなりストレスが溜っていたようである。

「お前は、一にも二にも三にも子供のことで、おれのことは何も考えとらん」

という。いつの間にかMさんとは口もきかず、目も合わさず、家にも寝に帰るだけという生活になってしまった。これは「生長の家」の信仰をする夫婦のあり方ではない。どんな歳になっても夫婦の「和顔・愛語・讃嘆」は第一に心掛けなければならないことだし、それをコトバや行動に現すことがとても大切である。

そこでMさんは同じ白鳩会の支部の人や、母親教室の人に相談した。すると「自分で播《ま》いた種子が生えるのですよ。でもきっとよくなる」と励まされ、かつてMさんが「別れたい」と言いだした時、夫がどんなに反対して苦しかったことだろうと思い出し、夫の〝愛〟をあらためて感じとったのである。かつて長男をさずかった時、彼女は神様に手紙を書いたことがある。

「ありがとうございます。四LDKの家が買えました。そこでは母親教室が開かれ……」

と書いた。長男が一歳にならないうちに、思った以上のすばらしい家が与えられた。高台で、市内が一望に見渡され、自然に囲まれた、日当りの良い明るい家だった。実家にも近く、母も気に入って、Mさん夫婦の貯金はゼロだったが、母が頭金を出してくれて、夢のような生活が始まった。ところが夫がだまって借金をしていたのが分かり、月十万円の支払いが始まった。家のローンもあり、色々出費が重なり、Mさんは内職を始めた。すると長男が病気ばかりするので、病院通いをして、何もかもが行き詰った。

そこで早朝神想観の会に連れて行ってもらい、その帰り道に「母親教室をしたら？　そのために家が与えられたんでしょう?」と教えられた。

ああ、そうか。今まで沢山のオカゲを頂きながら、受けるばかりで、与えることや出すことをしていなかったのがいけなかった——と気がついた。そこで早速その手続きをした。すると、今度は善いことばかりがどんどん出だしたのである。

先ず長女さんが奨学金を受けることになった。誰か別の人が辞退されたらしい。Mさんは接客しても、自然に笑顔が出るようになった。すると〝笑顔手当て〟というのをもらうことになった。平成十三年八月には、五人目の次男を出産することもできた。さらに夫も以前のように笑顔を向けてくれるようになった。「与えれば、与えられる」のが心の法則だからである。こうして家族七人が協力し合って、明るく楽しい人生を送るようになったという体験談であった。

人は誰でも、このようにして、心を変え、正しい信仰を持ち、神想観を行い、人々に愛を与え、伝道にふみ出す時には、どんな過去があろうと、その失敗を乗り越えて、限りなく生長し、前進し、明るい未来を切り開いて行くことが出来るものだ。こうして全ての人たちは、「正しい信仰の実践」によって、光り輝く国や世界を創り出すことができる「人生の主人公」なのである。

## 3　神さまを称える

### 短縮時代

前まえから言うように、この世の中は心によって作られて行く。それは芝居の筋が作者の心によって作られて行くようなものだから、この世を〝人生劇場〟ということもある。しかもその作者が、自分自身なのだから、本当は楽しくて、嬉しくてたまらないはず。ところが多くの人は、そう思わず、この世はつらいとか、思い通りにならない、などと嘆いてくらす。すると、その心も作品を作り出すから、つらくて苦しい筋書きの人生が〝上演〟されるのである。

この理窟がよく分かると、積極的に、明るい心で、たのしく暮らそうと思いはじめるだろう。しかしそう決心していても、急に不幸な事件にまき込まれたりして、その明るい心

を、暗くしてしまったりする人もある。時には、

「こんなに信仰しているのに……」

などと言って、神様の方へその〝支払い責任〟を持ち込んだり、宗教法人に〝弁償〟を求めたり、時には神様・仏様なんていないのだ、バカメ、という心境になったりする人も出てくるのである。

しかしここで考えておかなくてはならないのは、昔から心理学で教えているように、私たちの心には「現在意識」の外に「潜在意識」という隠れた心があるということだ。しかもこの潜在意識は強力で、隠れていて、無意識のようだから、本人は気が付かないでいることが多い。だが人はよく、

「何となく、こうしたい……」

「ついこうしてしまった」

という気持になることがある。そしてそれが意外に役立ったりすることも出てくる。それは潜在意識の働きといってもよいし、その逆のこともあるから、平素から常に「明るい心」を持つ訓練をしておく必要がある。つまり、信仰でも練習でも、〝長い間やっている〟ことが必要で、短期間、タメシにやってみるか……では、満足の行く結果にはならないの

である。

結婚生活でも同じことで、タメシに一週間ほど結婚してみるか……ではうまく行かない。最近は何事によらず短縮ばやりであるから、結婚も短縮して、〝成田離婚〟というのも増えて来た。新婚旅行に行って、帰ったとたんに離婚するといった人たちで、これは少し短縮しすぎたという外はない。あわてて結婚しすぎた、と言いかえてもよいだろう。

## 離婚と再婚

平成十一年の一月中旬に、私は札幌の特別練成会に出席して、いつものように午前九時半から十二時半までの時間を担当した。一月に北海道に来たのは多分初めてだと思うが、さすがに早朝は零下七度になっていて、カメラを持って外に出ると、手袋をした指先がしびれるようであった。カメラもそれまで使っていたホースマンＶＨでは具合が悪かろうと思って、自動巻き上げの速写の利く六四五型を持って行った。するとやはり三脚を立てて、冠《かぶ》り布をかぶってピント合せをするような状況ではなかったのである。

さて十七日、午前中の終りごろ、体験発表の方々の話を聞いたところ、その中の一人、室蘭市輪西町に住んでおられる安藤幸《ゆき》子さん（昭和七年三月生まれ）は、次のような話をして下さった。幸子さんは結婚して六年目に女の子を出産した。佳代子さんと名付けたが、その子が一歳にならないうちにとうとう離婚した。ご主人はGさんといったが、電車の会社につとめておられて、一年間もさっぱり給料を渡してくれなかった。

仕方がないので幸子さんが縫い物をして、何とかしのいで来たが、心は不平不満で一杯だった。夫婦喧嘩もあったようだが、夫はすぐ「出ていけ」と言う。しかし幸子さんは我慢して中なか出て行かなかった。ところがある日、彼女の実家からお餅が届いたので、それを焼いて食べようと思っていると、夫が朝帰りした。昨夜は会社に泊まったらしく、早朝かえって来て、そのお餅を一人で焼いて食べていたのである。ただ食べるだけではなく、幸子さんにひどいイヤミを言いながらだ。

あまり腹が立ったから、彼女は夫に向かって、

「給料も運ばないで、私の実家からとどいたお餅を、よく一人で、大きな口をあいて食べてるわね！」

と言った。言いながら、これを言ったら、もう終りだなと思った。すると案の定、いつものように「出て行け」と言われた。いつもは出て行かないものだから彼は、

「お前が出て行かないなら、俺から出る」

といって、押入れを開けて、荷物を作りはじめた。そこで幸子さんが、

「いえ、私が出ます」

と言って、娘さんをつれて家を出たのだった。

実家に帰るとすぐ、幸子さんは叔母さんのすすめで生長の家に入信した。それから間もなく佳代子さんをつれて再婚し、安藤海山さんという建築業の人と一緒になった。以来幸せな暮らしをしておられたが、平成九年八月十三日のことだ。その間、佳代子さんは千葉県の松戸市に嫁ぎ、泰《ゆたか》さんという子供を生んだが、その子が小児癌の〝神経芽細胞腫〟という病名で、世田谷の国立小児病院に入院した、という知らせをうけた。

## 助言される

三浦家に嫁いだ佳代子さんは、長女と長男泰君の二児をもうけて、幸せな毎日を送っていたはずだが、どうして小児癌になったのだろう、と思うと幸子さんは不安でたまらない。夫婦仲よく暮らしている娘の子供が癌になるのなら、全国の家庭の子供が皆癌にならなきゃおかしい、と幸子さんは思うのだ。そんな大ショックをうけた彼女に、室蘭教区の白鳩会連合会長の小田靖子さんが、「皆さんで先祖供養をしましょう」と呼びかけ、佐柄前

地方講師会長さんが先導して先祖供養をはじめて下さった。

おかげで幸子さんは、それを機会に立ち上がったが、それまでに総本山や宇治別格本山、河口湖、飛田給の各練成道場、そして東京の本部*など、あらゆる所に神癒祈願を申し込んでいた。しかし泰君の癌は、最初に副腎に発生して、それが全身に拡がり、やがて骨にも、血液にも転移して行ったということであった。副腎というのは子供のころ大きくて、ホルモンを分泌《ぶんぴつ》する大切な臓器だ。

しかも彼の副腎はこぶし大の大きさに腫れていて、一期から四期までの小児癌の中では、四期になって発見されたということだった。病院ではその癌を小さくしてから摘出しようというので、四週間おきぐらいに抗癌剤の投与が繰返し行われた。やっとその癌が二、三センチぐらいになったので、翌年に手術しようということになり、手術の経過が大変うまく行ったので、担当のドクターもびっくりされるくらいであった。

やがて平成十年五月に入ると、相愛会・栄える会*や白鳩会、青年会*などの全国大会が東京の武道館で行われた。室蘭教区では、「栄える会」の会頭さんが大いにすすめて下さったおかげで、夫の海山さんも参加することになり、ご夫婦で上京し、大会に参加した。

武道館に着くと、もと室蘭教区で大活躍しておられた辻講師に出あい、幸子さんの孫さ

んの病気のことを知っていて、

「佳代ちゃんのお父さんの聖使命（会費）を掛けているんでしょ？　生存の永代供養をかけて上げなさい」

と忠告された。幸子さんは、「何で？」と答えて、少々ふてくされた気持でいた。この「聖使命会員になる」ということは、本人が知らぬ間に、家族や他人が会費を払い込んであげるということが本旨《ほんし》ではなく、本人が自覚して加入するのが本当で、そうでなくても本人が知らないまま、他の人が会費を払っているだけでは、あまり効果的ではなく、教えの布教にも役立っていないし、真の意味での〝献資〟でもなく、代わって献資している人の福徳や善業になるのである。だから、名前だけの会員では、病気になることもある。

永代供養の方は、本人が生存中に、本人や家族がそのようにしてあげてもよいが、生存中は総本山で祈願が行われ、死亡後は宇治の別格本山で永代供養が継続されるような仕組みだ。いずれにしても、形式ではなく、相手（本人）に対する愛念がこもっていなければならないものだ。それ故、幸子さんはそのようなことを佳代子さんの実父（つまりGさん）に対して行ってはいなかったし、その気持もなかったので、会場でのこの助言には不服だったのである。

## ざんげする

幸子さんは、心の底から反発の思いがこみ上げてくる。先夫に対しては、いやな思い出ばかりがあったからだ。従って別れて再婚した今でも、その思いが続いて、先夫のことは思い出したくないくらいだ。しかし頭では辻講師の言うことは理解できる。何故なら、『大調和の神示』には、

『天地万物と和解せよとは、天地万物に感謝せよとの意味である』

と書かれている。但し離婚した先夫は除くとか、いやな医者は除くとは書かれていない。あらゆる人や物（動植物を含む）に感謝するのは当り前と分かるからである。だから幸子さんは、愛行のために何人かは、聖使命会員にしてあげていた。しかしGさんは、娘さんの実父であるのに、全然そのような気持になれなかったのだ。

それは彼女の「潜在意識」の中に、最初の結婚の時のいやな思い出が強く印象付けられていて、それを現在意識では、ほとんど忘れていたからであろう。だからその点を指摘されると、ショックだった。けれども頭ではその忠告を了解したので、納得できないままでも先夫さんを聖使命会員にし、生存の永代供養にも申し込むことにした。

それが五月のことだが、八月までに泰君に対する抗癌剤の投与が計十三回行われ、十三回目には今までの倍量の投与がなされ、放射線の治療も加えるという〝苛酷《かこく》な治療〟が行われた。その治療が一段落すると、その後は無菌室に入れられるが、それは白血球がゼロという、自然治癒力《しぜんちゆりよく》のない状態になったからだ。

しかし佳代子さんからは事前に「白血球がゼロになるんですって」と聞かされてはいたが、何となく遠くの方で聞いているような感じだった。

「とうとうゼロになったのよ」

と電話してくれた時、幸子さんはやっとのことで、

「え？　ゼロになったの？　それは大変！」

という気持になり、大きなショックを受けた。そして白血球や赤血球は、家族などの人間関係を象徴している――ということを思い出し、その時やっと四十年前に別れた先夫のことを強く考えたのであった。

それまで幸子さんはいつも娘さんと一緒に暮らして来た。そして娘さんを連れて現在の安藤さんに嫁いで来たが、その後はGさんのことを全く考えないようにしていた。だから先夫さんは、実の娘であった佳代子さんをどう思っているだろうかとか、あの娘がどんな

になっているかとか、幸せであるかと思っていただろうか——と思うと、「すまなかった」と気付いたのである。

そこですぐ「実相」軸*の前に行き、今まで四十年間も、あなたの気持が分からないで、すみませんでしたとお詫びをした。別れる時には、せめて「子供をたのむ」という一言でもほしいと思った。けれどもその時は、幸子さんが最も嫌だと思う言葉を言われて別れて来た。そのいやな言葉は、二、三年に一度くらい、フッと意識の底から浮き上がってきたことにも気がついた。そこで、

「あなたは、分からなかったかも知らないが、娘の佳代子は幸せな結婚をしました。子供も二人いて、あなたはその孫のおじいさんですよ。でも、下の孫は、今病んでいます。私とあなたとは別れる時、お互いにああいう言葉しか出せなかったけれど、あなたは娘と永遠の別れになるのでしたね。つらさのあまり、あんなことしか言えなかったのかも知れませんね……」

と、語りかけ、ようやく相手の立場になり、相手の気持が分かり、

「申し訳ありませんでした、四十年かかって、やっと気付かせて頂きました」

と心から懺悔したのである。

## お礼と感謝

そのような和解と感謝のざんげが終り、平成十年十月二十八日、泰君はやっと退院することができるというので、十月二十六日に幸子さんが留守にしている所へ、娘さんから電話がかかった。

「あさって、二十八日に退院することになりました。永い間、ご心配をおかけして、やっと退院させて頂くことになりました」

と、幸子さんのご主人（海山さん）に告げたのである。するとご主人は、

「よかったね、よかったな……」

といって電話が切れた。しかしその後一時間半たつと、今まで娘にも息子にも電話したことのなかった海山さんが、メモ帳を探して、娘さんにわざわざ電話をかけ、さっきと同じように、

「よかったね、よかったな……」

と言って泣いておられたのだ。電話の向こうでは娘さんがそれを聞いて、子供の病気で心配かけていたことは重々承知していたが、こんなに喜んでもらえるとは「どんなにご心

配をかけたことか」と思い、深く感謝したということであった。

しかも佳代子さんにとって海山さんは育ての父であるが、その育ての親がこんなに喜んで下さるのかと思うと、生みの親もきっとこのように喜んで下さり、いつも私を、見えない所で心配して下さっていたんだなということを、深く学ぶことができたということであった。

幼い孫の病気というのは、主として父母の心を現すもので、祖父母は直接関わってはいないのである。しかしそれでも、このように愛し合い、関連し合っていて、お互いの祈りや潜在意識は、見えない所で通じ合うのだ。さらに又このような祖父母や父母や子供たちに現れてくる現象が、又それぞれの家族の人への教訓を与えてくれるものであり、その意味においても、夫々が「観世音菩薩」であると言うことができるのである。

さらに生長の家の運動についてだが、雅春大聖師《だいせいし》のご生誕百年記念の講習会の時、幸子さんは普通の年は七十人から八十人くらいを動員していたが、この年には百名動員しようと決心した。そして一心不乱に活動したところ、百三十五名ほどの人々を動員することができたという話であった。

泰君の病気も、手術後はどんどん好転して、やがて全快したということだ。そこで幸子さんはさらに普及誌百部を愛行することにした。その後平成十一年一月の室蘭短期練成会に行くと、二十九歳の女性が幸子さんの支部に参加してくれたと言って、

「何というプレゼントを神様は下さったのかと思って、感謝しております」

と、善行と恵みのすべてを神様に帰して、大変喜んでおられたのである。

＊本部＝東京都渋谷区神宮前一－二三－三〇にある、生長の家の本部会館。
＊栄える会＝「生長の家栄える会」の略称。生長の家の経済人で組織するグループ。
＊青年会＝生長の家の青年男女を対象とした組織で、生長の家の真理を学び実践する会。
＊「実相」軸＝谷口雅春大聖師が「実相」と書かれた御軸。

# 4　ユーモアと感謝

## 福笑い

昔は正月になると「福笑い」などという遊びがあった。今はほとんどやらないかも知れないが、目かくしをして〝おかめ〟や〝ひょっとこ〟などの輪郭《りんかく》だけ書いた紙の上に、眉や目や鼻、口などの形を書いた紙を置いて、出来上がりを皆で見て笑うという遊びである。大てい変な顔に出来上がっているから、あとで見るとおかしいのである。

これは「笑う門には福来る」という諺《ことわざ》のように、新しい年を迎えて、福を呼びよせようという気持の表れた遊びで、私も少年時代にやった憶えがある。ほとんどは正月だけにやるが、何時やってもよい。今は色々のゲームが出来ているし、あまり集まり合う人もいないから、廃れてきたのであろう。

しかし「笑い」の効果がすぐれていることは、医学的にも明らかにされていて、免疫能力が高まるし、血圧も正常化してくるから、おかしくなくても笑うという練習は有効である。ただし周囲に迷惑を与えないという配慮が必要だから、練成道場でやる場合も、近隣から苦情が来ないようにしたいものだ。勿論習い憶えた笑いを、葬式などの場ではやらないことである。

ところが〝笑い〟の中にも上中下の段階があるから、下品な笑いではなく、上品なものに進歩向上させる必要がある。ある土曜日のテレビ番組で、〝お化け〟のテーマで色々の芸人さんが登場して、〝お化け〟のおそろしさを上演しておもしろがっていた。これもあまりの早口の日本語を使うから、「ところどころ分かる」といった具合だったが、かなり面白かった。

とくにユーモアというのは、上品な笑いの種族だろう。これはかなりの訓練を必要とするらしい。土屋賢二さんというお茶の水女子大学教授は哲学科専攻の先生だが、ユーモア・エッセイ集という書物を何冊か書いておられる。平成十年九月号の『中央公論』誌に書かれた一文を読むと、なるほど〝笑う哲学者〟と言われるだけのことがあると思ったので、次にそのごく一部を紹介しよう。

## 赦しの世界

土屋教授はまず人間関係を円滑にするには愛が必要だと主張している。そして「謙虚な態度」も必要だと言われるのだ。

『威張《いば》る人間や傲慢《ごうまん》な人間を見ると、「どこにそんな価値があると思っているんだ」と考え、幼児並みの自己認識しかもっていないと軽蔑《けいべつ》する』と。

さらに曰く――

『自慢ではないが、わたしは謙虚な点では人後に落ちない自信がある。とくに自分に価値がないことについては絶対の自信をもっている。周囲の人間が、どれだけわたしを無価値な人間として扱っているか、見てもらいたい。こういう境遇にいれば、だれでも自分に価値があるとは思えなくなるのだ。当然、わたしはどんな人を見ても軽蔑したことがない。ただ一つ、どうしても許せない人間がいる。それは威張った人間、他人を見下《みくだ》す人間である。何の根拠があって偉いと思っているのか。お前は何様なのか、と思う。わたしが妻を許せないのはそのためだ。』

この最後の一句が利いていて、ユーモアにあふれている。しかも上品なところがすばらしい。そこで多くの人の心をくすぐるのである。けれどもこの文章の中にある「自分に価値がないことについては絶対の自信をもっている」という一句は、やはりユーモアの入った句である。土屋教授が本当に価値がないと信じているなら、こんな堂々たる論文は書けないはずであろう。もしかしたら親鸞聖人と同じくらい「罪悪深重の凡夫」なることの自覚者であるのかも知れない。しかし親鸞聖人は多くの文章を残しておられるが、そこにユーモアのひらめきがあったという発見は、まだなされていないようである。しかも聖人は、

「妻を許せない」

とはおっしゃっていないから、やむを得ず「未発見」ということになる。つまりユーモアまでは「笑いの哲学」だが、そこから「赦す（許す）」という所にまで来ると、もはや残念ながらユーモアと少し別れて、「宗教の世界」に入って行くのである。

けれどもだからといって、決して信仰の世界は暗く陰鬱《いんうつ》なものではない。健全で明るいユーモアと赦しの充満した〝天国浄土〟なのである。しかもたしかに謙虚であって、決して人々を押しのけて肩で風を切るような人を養成するのではない。さらに謙譲《けんじょう》は卑屈と正反対だからあまり度々《たびたび》は、

「誰々さんに何々をして頂きたいと思います」

「何々委員会に、考えてもらってご返答したいと思います」

「○○にご意見を頂戴してからお答えします」

などとは言わないようである。ことに誰々さんや○○が自分の部下やその直属下部機関である場合は、あまり「頂く」のはさけた方がよい。そうでないと政治や経済の世界が動きにくいからだ。もっともクリントンさんとモニカ・ルウィンスキさんというインターン女性との〝不適切な関係〟を一応ゆるしているらしい風情《ふぜい》のヒラリー夫人が、宗教的悟りに徹していたという訳でもないようだ。

## ざんげの心

さて先程も笑いには免疫力を高める作用があると言ったが、赦しにはそれ以上の免疫力や治癒力を増進する力があるし、自己の肉体ばかりではなく、その力の及ぶ範囲は職場や家庭全般にも及ぶのである。私は平成十年八月三十日に山口県にある松陰練成道場に行って、その日の練成会での半日を担当した。その時岡山県邑《お》久《く》郡邑久町豊安《とよやす》という所から参加された赤枝祝郎《あかえだしゆくろう》さん（昭和九年二月生まれ）が次のような体験を話して下さった。邑久町という所は二年前に学校給食で出された食事にO《オー》157という病原菌が入っていて多くの生徒が食中毒を起し、全国的な問題に発展した町である。

赤枝さんは昭和二十七年に中国銀行に入社し、以来定年まで四十四年間勤務された。現在はアパート経営をされ、邑久相愛会長であり、教区相愛会の副連合会長も務めておられた人である。この赤枝さんが生長の家にふれたのは昭和五十四年十一月、丁度四十五歳の時であった。当時彼は中国銀行の日生《ひなせ》支店で支店長代理をしておられたが、どういうわけか支店長と仲が悪くなってしまった。そのため毎日の勤務がつらく、まるで針の筵《むしろ》の上にいるような感じだったという。

そこで何とかしてこのような状態を改善したいという思いから、当時の得意先であった久保田呉服店のご主人に相談した。すると久保田さんは、以前脊椎カリエスを患い、十五年間寝た切りでいたが、生長の家にふれて、そのカリエスが全治された人であった。そこで久保田さんはこう話してくれた。

「赤枝さん、そんなら生長の家の練成会に行かれい（行きなさい）」

と、岡山市の吉備《きび》練成会*を紹介して下さった。そこで赤枝さんは昭和五十五年の新春練成会に「藁をもつかむ思い」で出席した。そして多くの講師の方々のお話を聞いているうちに、最も心に強く印象された言葉があった。それは『大調和の神示』の中にある、

『汝《なんじ》ら天地一切のものと和解せよ。天地一切のものとの和解が成立するとき、天地一切のものは汝の味方である……』

というすばらしい教えであった。さらに神示にはこう書かれている。

『神に感謝しても天地万物に感謝せぬものは天地万物と和解が成立せぬ。天地万物との和解が成立せねば、神は助けとうても、争いの念波は神の救《すくい》の念波を能《よ》う受けぬ……』

さらにこれをもとにして話される講師の方々の話は、まるで自分自身に説いて下さっているような感動を与えたのだ。しかも「浄心行」の時には、今まで支店長を憎んだり恨んだりしたのはすまなかった、悪かったと実感し、涙ながらに一枚の洋半紙にギッシリと懺悔文を書いた。こうして支店長に心からお詫びすると、忽ち赤枝さんの心は明るくなり、相手がどう思っていても、ともかく先ず自分があの支店長と仲よくしようと決意し、一月五日に出勤した。

すると、驚いたことに支店長の態度が一変していた。今まではこっちが挨拶をしても返事もしなかった支店長が、ほほえみながら、「お早う」と挨拶を返してくれたのだ。赤枝さんは驚いてしまった。まだ直接一言もお詫びしていないのに、挨拶だけでもそう答えてくれたからだ。たしかに教えられた通り、

「自分が変われば世界が変わる」ということを実感したのである。

## 三つの願い

以来赤枝さんは、このすばらしい教えを、もっと深く勉強したいと思い立ち、『生命の實相』を購読し、毎日車を運転して出勤する時には、テープをかけて谷口雅春先生と清超（私）の講話を繰り返し聞いた。そしてこれこそ今まで求めていた教えだと実感したのである。

こうして聖使命会にも入会して明るい感謝の日々を送っているうちに、彼は邑久支店に転勤することとなった。そこは赤枝さんの住居に一番近い支店であり、車で五分間くらいの所だ。しかも赤枝さんの生まれ育った地許である。従って友人知人も多く、銀行の営業活動地点としては最適の場所であり、業績も大いに向上した。勿論支店長とも、部下の行員すべてと調和して、楽しく明るく活躍し、支店の中で最も優秀な支店に贈呈される「頭《とう》取杯《どりはい》」を続けて三回も受賞することが出来たのであった。

このようにして赤枝さんは中国銀行を定年まで勤め上げ、平成元年に退職し、それからは関連会社に七年間勤務し、そこが又定年になってからは、第三の人生を歩むために、生長の家の活動に全てを投入しようと決意した。そこで平成八年の四月に宇治の第五百回一般練成会に奥さんと共に参加した。そしてその時、彼は三つの願いを立てた。

一つは長年の夢であった生長の家の道場をやりたいということ。二つには家内がもっと生長の家を熱心にやってもらいたいこと。三つには奥さんが股関節《こかんせつ》の痛みを訴えているので、それをよくしたいという願いであった。こうして十日間の練成を夫婦で終えて帰宅したところ、今まで不信心だった奥さんがご主人と一緒に神想観をするように変わられた。さらに「聖経読誦」を行いはじめた。すると半年たった十月になると、今まで奥さんの使っていた杖が不要となり、痛みが消え去ったのである。

赤枝さんにとっては、奥さんが生長の家を信仰してくれたことが、何よりも嬉しかった。さらに道場も平成九年三月に完成し、現在はそこで早朝神想観をやったり、誌友会、合同誌友会、月に三回の『生命の實相』の輪読会も行うというようにして、誌友の方々にも大変喜んでもらっているという話であった。現在赤枝さんは地方講師としても大活躍中である。

さてこの赤枝さんの願いの中にもあったが、熱心なご主人の中には、奥さんがそっぽを向いているので困るという方が沢山おられるのである。信仰の自由は、各個人にあるようなものだが、夫婦は一心同体であるから、魂は一つのものであり、信仰も同じであることが共通の願いだ。ところが現実がそうでないのは、家庭の中に〝笑い〟やユーモアが不足して、批判や審き心がのさばり出しているという場合が大多数だ。それ故、感謝と笑いとユーモアが、常に家の中に充ちあふれるように、ご主人自身が、ちょっとしたことにでも「ありがとう」と感謝し、進んで愛を表現し、よろこびを表し、オソロシイことばや、ぶあいそうな表情をもって家族をオビヤカスことをやめることが大いなる愛行であり「家庭行」である。信仰の行事はどこかよそへ行ってやるのではなく、まず家庭内で実行し、神想観をやるのでも、夫婦親子で共にたのしくやるとよろしい。子供が生まれたら、赤ん坊のころから、夫婦の前にねころがせて神想観をやるとよい。むずかったら、途中で乳をのませてもかまわない。たのしくやっていると、いつの間にかよい子に育ち、夫婦仲よく「生長の家」があちこちに富み栄えて行くのである。

## 自然治癒力

このようにして赦しの心は、さらに感謝の生活へと発展し、家庭を含む全ての組織を健全ならしめるのである。内部生命が自然治癒力をもりもりと発動するからだ。例えば同じ日に松陰練成道場で体験発表をされた安岡清深《きよみ》さん（昭和四年十二月生まれ、下関市綾羅《あやら》木本町《ぎ》)は、昭和四十一年三月に生長の家に入信されたという話だった。現在は地方講師であり、相愛会の幹部活動をしておられるから、人間・神の子・不死・不滅の実相をよく御存知であった人だ。ところが平成九年一月三十日になって、何の自覚症状もないのに、ただ臍の周囲が固くなって脈を打っていることに気が付き、ごく軽い気持で下関市立中央病院に行って診察を受けた。すると腹部大動脈瘤破裂寸前だという診断だった。

担当医は「九十歳をすぎた方でも、手術をすすめますよ」とおっしゃるのだ。動脈瘤を中心にして、上下の動脈を切り取り、人工の血管と入れ替える。こうすれば、九十九％は生きられる。ところがもし破裂すると、九十九・九九％は死ぬというのであった。そこで安岡さんは、直ちに入院して詳しく検査してもらうことにした。

さて全ての検査が終り、一週間した時に担当医に夫婦が呼ばれて、検査の結果を説明された。すると心臓にも異状があったというので、ＣＴ写真や心臓の模型やビデオ等を見せてくれて、担当医は、

「あなたは、運が強いね！」

と感嘆の言葉を発した。さらに、

「神様や仏様に守られている！」

ともおっしゃるのだ。というのは心臓には左右の心室に夫々三本の血管が通っているが、その左側の一本が詰まって壊死《えし》していた。それだけでも心筋梗塞を起すのである。実さい平成二年に安岡さんは心臓発作で入院したことがあった。その時この部分が細くなっていたらしいが、その後どうしたことか右側の血管から自然治癒力によって新しい血管が伸びて来て、壊死した左側の血管の先端にまでバイパスを作って血液を送っていることが、今回新しく発見されたのである。安岡さんはその新しい血管がピクピク動きながら血液を送っている様子をビデオで見せられ、改めて「自然治癒力」の偉大さに感嘆したというのであった。

このように人間の魂は不死・不滅の「主人公」であり、肉体はその魂の使う一時的な道具であるが、古くなると色々と故障が起ることもありうる。人工的な機械の場合は、修理もまた人工的に行わざるを得ないが、肉体にはその修理を自然に行い、組織を新生する力まで備わっている。この力をできるだけ活用するには、心のひっかかりや悩みを取り去り、赦しと感謝とユーモアや笑いのある明るい生活を送ることが何よりも大切なのである。

しかも安岡さんの場合は、腹部の大動脈瘤も破裂寸前だったが、その周囲の血管が大動脈瘤を包んで保護してくれていたことが判明したのだった。

安岡さんは平成九年三月十五日に入院し、三月十九日にこの手術を終り、二週間で退院して、この時も御夫婦揃って練成会に参加され、伝道の決意を新たにしたというお話であった。

＊吉備練成会＝岡山県岡山市浜一－十四－六にある岡山教化部で行われる、教区練成会。

無限の可能性がある〈完〉

# 無限《むげん》の可能性《かのうせい》がある

平成十四年十一月十五日　初版発行
平成十五年　三月　十日　再版発行

著　者　谷口清超（たにぐち せいちょう）

発行者　岸　重人
発行所　株式会社　日本教文社
東京都港区赤坂九―六―四四　〒一〇七―八六七四
電話　〇三（三四〇一）九一一一（代表）
〇三（三四〇一）九一一四（編集）
ＦＡＸ〇三（三四〇一）九一一八（編集）
〇三（三四〇一）九一三九（営業）

頒布所　財団法人　世界聖典普及協会
東京都港区赤坂九―六―三三　〒一〇七―八六九一
振替　〇〇一一〇―七―一二〇五四九

組版　レディバード
印刷・製本　光明社

落丁・乱丁はお取り替え致します。
定価はカバーに表示してあります。



ISBN4-531-05226-9

本書の本文用紙は、地球環境に優しい「無塩素漂白パルプ」を使用しています。